어른을 위한
두뇌 피트니스

어른을 위한 두뇌 피트니스

두뇌 건강과 치매예방을 위한 기억력, 집중력 강화 트레이닝

개러스 무어·헬레나 겔레르젠 지음

박민정 옮김

FIKA
LIFE

시 / 작 / 하 / 며

인간은 배우고, 상상하며, 논리적으로 생각할 수 있다. 그 덕분에 우리 인류는 불을 사용한 지 30만 년이 채 지나기도 전에 핵폭탄을 만들어낼 정도로 진화했다. 약 46억 년이라는 지구의 나이를 24시간으로 압축한다면, 인간은 하루가 끝나는 자정이 되기 90초 전에야 겨우 등장했다. 그리고 그토록 짧은 시간 안에 지구를 지배하는 종種이 되었다.

이러한 성공을 가능케 한 주역은 신체가 소비하는 총 에너지의 20퍼센트를 차지하는 1.5킬로그램의 지방질 기관, '뇌'이다. 인간의 뇌에는 평균적으로 약 860억 개의 신경 세포, 즉 뉴런neuron이 있으며, 이들은 매초 수조 개의 신호를 서로 주고받는다. '신경과학neuroscience'은 최근에 이르러서야 인간의 두뇌가 어떻게 뛰어난 예술과 찬란한 과학 같은 위대한 성과를 낳을 수 있었는지, 그 비밀을 밝혀내기 시작했다. 아직 비밀의 많은 부분이 베일 속에 가려져 있지만, 학습과 창의적 사고, 추론 능력이 인간의 선천적 특성이라는 사실만은 확실하게 밝혀졌다. 즉 우리는 모두 이런 기본적인 능력을 갖추고 태어난다. 게다가 더 반가운 사실은 이런 능력을 더욱 효과적으로 사용하는 방법을 우리가 배울 수 있다는 것이다.

이 책에는 어떤 이야기가 나올까?

이 책에는 뇌에 관한 기본 정보와 더불어 기억과 학습, 문제 해결, 창조적 사고를 맡고 있는 핵심적인 여러 인지 기능에 대한 설명이 나온다. 다양한 인지 기능을 사용하는 문제를 쉬운 단계부터 어려운 단계까지 차례대로 풀어보며 이론을 실습해볼 것이다.

그러나 두뇌 훈련 여행을 떠나기에 앞서, 뇌 과학이 신통방통한 요술 지팡이도, 두뇌 능력을 단번에 끌어올려주는 마법 주문도 아니라는 사실을 염두에 두어야 한다. 몸이 달리기를 하거나 역기를 들 때마다 조금씩 강해지듯, 뇌도 변화하기 위해서는 시간이 필요하다. 두뇌 훈련을 한다고 해서 우리의 뇌가 아인슈타인의 뇌처럼 바뀌지는 않는다. 여기서는 뇌 과학을 통해 인간의 두뇌가 어떻게 다양한 인지 기능을 실행하는지 알아내어 문제를 더 손쉽게 풀고 그 지식을 일상생활에도 적용할 수 있는 전략을 익힐 것이다.

왜 뇌 건강에 신경을 써야 할까?

몸의 건강이 오랫동안 큰 관심거리였던 것과 달리, 두뇌 건강은 최근에 와서야 화두로 떠오르고 있다. 당연하게도 이 두 부위의 건강은 서로 밀접하게 연관되어 있다. 근육과 심혈관, 내장 기관에 좋은 것은 뇌에도 좋다. 신체의 모든 기관은 연결되어 있기 때문이다. 다만 뇌의 입맛에 맞는 운동은 고맙게도 땀을 흘릴 필요가 없는 운동이다. 건강한 뇌를 갖고 싶다면, 인지 활동을 활발하게 하며 새로운 과제나 경험에 도전하는 생활을 해야 한다. 그러니 이 책을 항상 곁에 두고, 두뇌 운동이 필요할 때마다, 그리고 기억력과 지능, 창의성이 잠재해 있는 기관인 뇌를 더 많이 알고 싶을 때마다 꺼내보도록 하자.

배움의 최종 목표는 새로운 지식과 기술을 익혀 현재의 능력을 향상시키는 것이지만, 제대로 된 배움은 심리적으로도 좋은 영향을 미친다. 신체 운동을 하면 기분이 좋아지고 스트레스를 줄이는 호르몬이 나온다는 말을 들어보았을 것이다. 그런데 흥미롭게도 그런 효과를 얻기 위해 꼭 운동복을 입고 몸을 움직일 필요는 없다. 이 책의 퍼즐처럼 재미있는 과제에 도전하는 두뇌 운동을 통해서도 그런 만족스러운 효과를 충분히 누릴 수 있다.

인간의 타고난 호기심은 인류의 생존과 진화에 필수적인 요소라고 할 수 있다. 호기심 덕분에 인간은 미지의 땅을 탐험하고 새로운 식물과 동물을 발견했으며, 능력의 한계까지 자신을 밀어붙이고 주변 물질들의 새로운 용도를 찾아냈다. 인간이 가진 새로운 것에 대한 욕망과 배움을 향한 목마름이 없었다면, 우리는 지금과 같은 발전을 이루지 못했을 것이다. 그러니 배우는 과정 그 자체 또한 우리에게 보상이 될 것이다.

다양한 연습

신체 운동처럼 두뇌 운동도 여러 종류의 운동을 할 필요가 있다. 밤낮없이 스도쿠나 십자말풀이만 하며 보내는 시간은 편안하고 즐겁다. 물론 그런 활동이 잘못된 것은 아니다. 그러나 재미 이상의 효과를 얻고 싶다면, 편안한 활동에 안주해서는 안 된다. 인간의 뇌는 본질적으로 호기심이 많으면서도 한편으로는 게으르기 때문이다. 호기심이 인류의 진화 과정에서 중요한 한 축을 담당했다면, 놀랍게도 또 다른 한 축을 담당한 것은 '게으름'이다. 다시 말해 뇌는 하루를 보내는 데 별다른 노력이 필요치 않은 루틴을 짜는 데 자신의 능력을 발휘한다.

항상 비슷한 두뇌 운동을 하면 나중에는 별로 힘들지 않게 된다. 문제의 내용과 그 풀이법에 익숙해지기 때문이다. 그래서 스도쿠나 십자말풀이의 고수가 그런 문제를 풀고 난 후 얻을 수 있는 것이라고는 문제를 끝냈을 때 느끼는 만족감뿐이다. 실질적으로 자신의 인지 자원을 낭비하는 행동이라고 할 수 있다. 새로운 종류의 두뇌 운동을 시작하는 초기에는 비슷한 문제를 풀어도 괜찮다. 그러나 일단 문제에 익숙해지고 나면, 거기에 쏟는 두뇌 에너지가 줄어든다. 뇌가 지식과 기술의 폭을 넓히기 위해 추가로 인지 자원을 개발하고 새로운 전략을 배울 필요가 없어지기 때문이다. 따라서 처음에는 버겁게 느껴지더라도 항상 새로운 노력이 필요한 문제를 찾아내야 한다.

탐험과 안주, 즉 호기심에 의한 행동과 더 안전한 선택을 하는 행동 사이에서 고민하는 일은 우리 삶에서 늘 있는 일이다. 최근 제일 좋아하는 식당에 갔을 때를 생각해보자. 평소에 먹던 음식과 한번 맛보고 싶은 새로운 음식 사이에서 갈등했을 것이다. 그러니 이 책에서 의욕을 잃을 정도로 어려운 퍼즐을 만난다면, 뇌가 탐험에 나서도록 응원받는 상황이라고 생각하자. 이런 탐험은 우리가 뻔한 루틴을 벗어날 수 있도록 도와주어 결과적으로 우리의 인지 자원을 늘리는 데 큰 역할을 한다.

인지 기능

살면서 일어나는 대부분의 사건은 생겼다가 이내 사라진다. 저녁 식사를 하는 동안 친구가 하는 말, 영화를 볼 때 눈앞을 스쳐 지나가는 이미지를 생각해보라. 한순간 존재하다가 곧 그 자취를 감춘다. 하지만 우리는 친구와 대화를 계속하기 위해, 영화의 줄거리를 따라가기 위해 그 정보를 머릿속에 간직할 필요가 있다. 지금 이 문장도 마찬가지이다. 그럴 수 없다면 우리는 우리가 마주하고 있는 맥락이나 상황을 전혀 알아채지 못하고 항상 혼란스러운 상태에 빠지게 될 것이다.

그러므로 뇌의 첫 번째 임무는 이미 사라져버린 정보일지라도 그것을 기억해야 하는 일이다. 다만 현재 보고, 듣고, 냄새 맡는 모든 것을 머릿속에 저장할 필요는 없다. 친구와 대화하며 옆 테이블의 커플이 싸우는 이야기까지 들을 필요는 없다는 말이다.

뇌에게 주어진 또 다른 임무는 당장 중요하지 않은 것을 무시하는 동시에, 잠재적으로 중요한 정보가 나타나면 즉시 대응할 수 있는 상태를 유지하는 일이다. 친구와 대화하는 도중에 갑작스레 휴대전화가 울리거나, 다른 친구가 우연히 지나가다 이름을 불렀을 때를 위해서 말이다. 뇌가 이렇게 다소 복잡해 보이는 묘기를 부리기 위해서는 한정된 주의력을 관련 정보에 쏟으면서 새롭게 등장한 작업 요구에도 재빨리 응하는 인지적 유연성이 필요하다.

나중에 또 보게 되겠지만, 이런 인지적 유연성은 다양하고 복잡한 인지 작업의 토대가 된다. 이 책의 문제 중에는 단기 기억 정보를 더 많이 저장하는 전략과 복잡한 문제를 풀기 위해 그 기억 정보를 적절하게 사용하는 전략을 가르쳐주는 것도 있다.

시각은 인간이 가장 의존하는 감각이다. 우리는 언어적 정보를 저장하는 기억 시스템과 별도로 시공간 정보만을 위한 단기 기억 시스템도 지니고 있다. 이 시공간 정보 기억 시스템은 우리가 보는 물체의 적절한 상像과 공간 정보가 머릿속에 형성되도록 도우며, 이를 이용해 우리는 필요에 맞게 주변과 물체를 조작한다. 이런 작업의 대표적인 예로는 다양한 색의 작은 정육면체를 이리저리 움직여 큐브의 각 면을 같은 색깔로 맞추는 장난감인 '루빅큐브'가 있다. 이 책을 읽는다고 해서 루빅큐브 대회의 기록을 깰 수는 없겠지만, 시공간 인지 퍼즐 문제는 머릿속에서 시각 정보를 더 잘 조작할 수 있도록 우리를 훈련시킬 것이다.

우리의 뇌는 단기 기억 저장 시스템 외에, 시간이 지난 후에도 과거에 간직했던 정보를 떠올릴 수 있는 장기 기억 저장 시스템도 갖추고 있다. 그 덕분에 우리는 친구와 만났을 때 예전에 나누었던 대화를 기억해 근황을 물어보기도 하고, 지난 휴가의 멋들어진 순간을 나중에 소중하게 다시 떠올릴 수 있다. 또 애창곡을 흥얼거리기도 하고, 공부한 내용을 머릿속에 다시 떠올리며 시험을 칠 수도 있다. 이 책에는 새로 얻은 정보를 미래에 활용할 수 있는 가능성을 높이는 데 도움이 되는 전략이 나온다. 관련 문제를 풀며 연습해보자.

인간이 지닌 가장 높은 수준의 인지 기능에는 창의성과 추론 능력이 있다. 이 능력 덕분에 인류는 뛰어난 성취를 이룰 수 있었다. 수백 년 혹은 수천 년을 내려오는 문화와 예술품을 창조했고, 현재 우리가 누리는 편리를 이끌어낸 참신한 기술과 발명품을 탄생시켰다. 멀리 떨어져 있는 별이 반짝이는 이유를 알아내고, 지금 읽고 있는 이 문장을 이해하도록 도와주는 뇌의 존재를 발견했다. 우주와 자연에 대한 심오한 이해를 가능케 한 위대한 과학의 발전 또한 이루어냈다. 보통 사람이 레오나르도

다빈치 같은 능력을 가지려면 평생 노력해도 힘들 것이다. (게다가 불공평하지만, 유전적으로도 로또에 당첨되어야 한다.) 그러나 창의적이고 논리적인 사고 능력이라면 어느 정도까지는 차근차근 갈고닦을 수 있다. 복잡한 문제를 해결하고 흔히 있는 함정을 피하는 데 도움을 주는 사고 전략을 배우면 된다.

앞으로의 여정

마지막으로, 격렬하게 신체 운동을 한 뒤에 회복을 위한 스트레칭과 마무리 운동이 꼭 필요하듯 뇌 운동을 마친 후에도 간단한 문제로 기분 전환을 할 필요가 있다는 사실을 명심해야 한다. 때로는 문제가 너무 어려워 좌절감에 빠질 수 있고, 그렇게 되면 연습하기 싫어질 수 있기 때문이다.

이 책에서는 기억력, 인지적 유연성, 시공간 지각력, 사고력, 창의력 같은 다양한 인지 능력을 테스트해볼 수 있다. 페이지를 넘길 때마다 새로운 도전에 맞닥뜨리게 되며, 여러 가지 다양한 문제를 풀어보게 될 것이다. 그 과정에서 자신의 강점이 무엇인지, 새로운 문제를 시도할 때 어디에 주의를 집중해야 가장 도움이 되는지를 깨닫게 될 것이다.

이 책은 신체 운동을 할 때와 같은 방식으로 구성되어 있다. '준비 운동'으로 시작해, 난도가 서서히 높아지는 '시작 운동', 고강도의 '본격 강화 운동'을 한 후 '마무리 운동'으로 끝이 난다. 어떤 운동도 처음부터 제일 무거운 역기를 들거나 전력 질주를 하며 시작하지는 않는다. 마찬가지로 이 책의 문제를 통해 새로운 전략을 처음 시도한다면, 먼저 간단한 문제로 가볍게 몸을 풀며 뇌를 깨울 필요가 있다.

비교적 쉬운 문제로 편안하게 시작하면, 의욕이 불붙으며 다음 단계의 문제를 풀 준비가 될 것이다. 그렇게 점차 이전 문제를 풀면서 연습한 능력을 필요로 하는 좀 더 어려운 문제를 만나게 된다. 그러면서 문제를 더 능숙하게 풀기 위해 사용할 수 있는 전략도 배우게 될 것이다.

나만의 방식으로

두뇌 훈련 여행을 하는 동안, 자신에게 알맞은 속도를 유지하고 문제에 접근하는 자신만의 방식을 발전시켜라. 가벼운 연습만 하고 싶은 날에는 준비 운동 문제나 중간 난도의 문제만 풀어도 된다. 한번 도전을 해보고 싶은 날에는 준비 운동 문제를 풀고 바로 고난도 문제로 넘어가도 좋다. 결국 학습이란 재미있으면서도 보상이 뒤따르는 활동이어야 하기 때문이다. 다만 어려운 문제와 마주쳐도 좌절하지 말고 다시 도전해야 한다는 점만 잊지 말기를 바란다. 동기를 부여하고 자신의 발전 정도를 알아보기 위해 퍼즐을 한 개 풀 때마다 성공 정도에 따라 점수를 매길 수 있다. 자세한 내용은 책 맨 뒤에 실린 '점수 매기기'를 참고하기를 바란다. 각 페이지의 위쪽 네모난 빈칸에 점수를 기록해보자. 그리고 다음 장의 점수와 비교해보자.

끈질긴 습관

나쁜 습관을 떨쳐버리는 것만큼 좋은 습관을 새로 익히는 것도 힘들다. 다이어트를 해본 적이 있거나, 운동이나 독서를 새삼 시작한 사람이라면 누구나 아는 사실이다. 어떤 습관은 해로운 데다가 원하는 목표 달성에 방해까지 된다. 왜 자연은 이런 일이 일어나도록 내버려두는 걸까? 이유는 간단하다. 습관은 효율적이기 때문이다. 생각할 필요가 없기에 인지 자원을 많이 소비하지 않는다. 정크 푸드를 끊으려는 사람에게 이 사실은 나쁜 뉴스이다. 생각하지 않으려는 우리의 뇌는 발걸음이 자신도 모르게 냉장고의 아이스크림을 향해 가도 내버려둘 뿐이다.

그런데 역설적이게도 새로운 것을 학습할 때면 우리는 이런 뇌의 자동화automatization를 환영한다. 인지 훈련의 목표는 문제를 더 효과적으로 풀기 위한 새로운 사고 회로를 구축하는 것이다. 새로운 전략을 익히고 주어진 과제를 해결하는 데 필요한 인지 시스템이 자동으로 돌아갈 때, 뇌는 자신의 능력을 가장 효율적으로 발휘한다. 그래서 비슷한 과제가 다시 주어지면 뇌의 처리 속도는 예전보다 더 빨라진다. 그러니 아이스크림을 먹고 싶은 습관적인 욕구는 힘들이지 않고 모국어를 사용한다거나 머릿속으로 손쉽게 간단한 계산을 하는 데 바치는 비용이라고 생각해야 할 것이다. 나쁜 습관을 고치거나 좋은 습관을 세우고 싶다면, 습관대로 하기 어렵게 만들거나(과자를 맨 위 선반에 놓아두기), 시작하기 쉽게 만드는 식으로(아침형 인간이라면 운동복이나 퍼즐 책을 아침에 일어났을 때 손 닿는 곳에 두기) 주변 환경을 바꾸는 일이 도움이 될 것이다.

인지 능력 훈련 계획을 세우는 데 있어 이 책을 어떻게 활용할지 전략을 세워보자. 확실한 두뇌 능력 향상을 위해 엄격한 계획을 따를 것인가, 아니면 그냥 쉬엄쉬엄 할 것인가? 두뇌 훈련을 위해 매일 일정한 시간을 따로 떼어놓을 것인가? 퍼즐을 푸는 시간으로 특별히 정하고 싶은 시간대가 있는가? 물론 마음 내키는 대로 아무 때나 편하게 해도 전혀 문제 되지 않는다. 사람마다 목표와 계획이 다를 수 있다. 그렇지만 연구에 따르면 두뇌 운동도 신체 운동과 마찬가지로 처음부터 구체적인 목표와 계획을 세울 때 더 오랫동안 할 수 있다. 두뇌 훈련을 마친 후 자신에게 보상을 주는 행동도 훈련을 계속하는 데 도움이 된다. 그러나 문제를 푸는 데 들인 정신적 노력에 비해 지나치게 과도한 보상이어서는 안 된다. 스도쿠나 기억력 문제 또는 추론 문제를 풀고 나서 드라마 한 편을 보는 정도가 적당할 것이다.

두뇌 건강을 위해 또 무엇을 할 수 있을까?

건강한 두뇌를 위해서는 많은 요소가 필요한데, 그중에는 우리가 개인적으로 할 수 있는 것들도 많다. 인지 기능을 유지하고 심지어 향상하는 데 도움이 되는 과학적으로 입증된 최고의 방법을 지금부터 살펴보자.

우리의 손에 쥐어진 첫 번째 무기는 평생 배우는 일을 계속하고 인지 활동에 참여하는 것이다. 지금쯤 눈치챘겠지만 새롭고 다양한 경험은 뇌가 게으른 루틴에 안주하지 않도록 막아준다. 이를테면 사람들을 관리하는 직업이나 데이터를 분석하는 직업, 복잡한 기계를 다루는 직업, 까다로운 요구를 만족시켜야 하는 다양한 프로젝트를 수행하는 직업은 매일 새로운 도전을 제공하기에 두뇌 건강에 상당히 이롭다는 사실이 이미 증명되었다. 따라서 은퇴한 사람들은 예전 직업을 대신할 수 있는 정신적 도전을 새로이 찾아내야 한다. 은퇴 후의 시간을 훌륭하게 보내는 방법으로 외국어 공부나 악기 연주, 그림 그리기나 그 밖의 미술 활동 또는 춤이나 테니스, 골프처럼 새로운 운동 기술을 배워야 하는 스포츠를 추천한다.

두 번째 무기는 알맞은 운동과 식생활이다. 이 두 가지는 건강에 도움이 되는 행동으로 가장 자주 언급되는데, 그럴 만한 이유가 있다. 운동은 심장과 폐, 근육의 기능을 향상시키고 기억력과 인지 능력을 개선한다. 또한 뇌의 새로운 혈관이 성장하도록 돕고, 심지어 일부 영역에서는 신경 세포가 새로 생성되는 놀라운 결과까지 가져온다. 그러나 지금 당장 마라톤 연습을 시작할 필요는 없다. 고강도 운동이 이런 긍정적인 효과를 불러오기에 가장 좋지만, 30분 정도의 걷기 운동도 오랫동안 아무것도 하지 않고 앉아 있기만 하는 것보다는 낫다. 덧붙여 비타민이 풍부한 과일과 채소, 견과류와 몸에 좋은 몇 가지 기름, 생선을 몸과 두뇌의 건강을 위해 먹도록 하자.

세 번째 무기는 사회적 활동이다. 이는 건강한 운동 습관과 식습관만큼이나 중요하다. 겉보기에는 쉬워 보이지만, 사회적 관계를 유지하고 사람들과 상호작용을 하는 일은 실제로 우리 뇌에 꽤 까다로운 임무이다. 끊임없이 새로운 상황과 사실에 노출되며, 각 개인과 그 관계에 대한 정보를 기억하고 처리해야 하기 때문이다. 더 중요한 점은 사회적 참여 활동이 우리를 외로움으로부터 보호한다는 사실이다. 인간에게는 유대감과 소속감에 대한 뿌리 깊은 욕구가 있기에 외로움이라는 감정은 정신 건강은 물론 인지 능력에도 큰 해를 끼친다.

마지막으로 잠을 잘 자는 것도 뇌 건강을 위해 꼭 필요한 일이다. 보통 사람은 매일 7시간에서 8시간 정도 잠을 자야 한다. 잠의 역할은 여전히 많은 부분이 수수께끼로 남아 있지만, 자는 동안 우리의 뇌가 학습에 필요한 두뇌 세포들의 새로운 영구적 연결을 형성하고 강화한다는 사실은 이미 잘 알려져 있다. 이 과정은 '신경 가소성neuronal plasticity'이라고 불리며, 과학자들은 이를 신생아가 대부분의 시간을 자면서 보내는 이유 중 하나라고 말한다. 심각한 수면 부족은 건강에 치명적이다. 수면이 만성적으로 부족하거나 질적으로 빈약하면, 기분과 에너지 수준에 나쁜 영향을 끼칠 뿐만 아니라 뇌의 처리 속도도 떨어뜨린다. 게다가 새로운 기억의 형성을 방해하며, 인지 기능이 낮아질 위험성도 높인다. 결정적으로, 잠이 부족하면 운동이나 건강한 식생활을 위한 노력이 더 버겁게 느껴진다. 또 이 책의 문제를 풀었을 때 얻는 혜택을 누릴 가능성도 줄어든다.

보다시피 건강한 뇌를 위한 '신의 한 수'는 존재하지 않는다. 오히려 '탄탄한 뇌'는 여러 개의 작은 돌들이 쌓여 만들어낸 탑과 같다. 뇌를 위한 건강한 행동은 많이 하면 할수록 좋다. 물론 권장되는 모든 활동을 다 하기란 쉽지 않다. 대부분의 사람은 살면서 해야 할 일이 가득하다. 공부나 일도 해야 하고, 가족도 돌봐야 한다. 이렇듯 바쁜 생활 속에서 쏟아지는 건강 조언을 모두 강박적으로 따르려고 하면, 그 생각만으로도 불안을 유발해 건강에 해로울 수 있다. 할 수 있는 만큼만 하며 꾸준히 다른 것들도 점차 시도해보는 편이 좋다. 알다시피 좋은 습관을 새로 만들기란 쉽지 않다. 반가운 변화를 지속해서 보고 싶다면, 삶이 한 번에 바뀌기를 기대하지 말고 작은 성공을 차곡차곡 쌓아 나가는 편이 더 큰 도움이 된다. 섣불리 큰 기대를 하면 오히려 금세 실망하고 쉽게 그만두고 싶어진다. 이 책의 퍼즐을 풀 때나 여기에서 설명한 건강 조언을 따를 때, 이 사실을 명심하자.

지금까지 두뇌 건강과 주요 인지 기능에 관한 기본 지식을 꽤 많이 알아보았지만, 이건 시작일 뿐이다. 이제 실제 훈련으로 풍덩 뛰어들어 뇌 발달 여행을 시작하자.

행운을 빈다!

헬레나 겔레르젠

목 / 차

STEP 1

**준비
운동**

STEP 3

본격 강화 운동

STEP 4
마무리
운동

STEP

1

준비
운동

준비 운동

새로운 도전은 언제나 겁이 난다. 그래서 이 책에서는 천천히 쉬운 단계의 두뇌 훈련부터 시작해 조금씩 어려운 단계로 넘어갈 것이다. 그렇게 우리는 올바른 두뇌 훈련의 과정을 밟을 것이다. 이 장에서는 뇌의 핵심 인지 기능들이 어떻게 작동하는지 알아본 다음, 각각의 인지 기능을 북돋아주는 다양한 퍼즐을 풀어볼 것이다. 하지만 두뇌를 발달시키는 여정을 떠나기에 앞서, 먼저 이 책을 통해 무엇을 얻고 싶은지 생각하는 시간을 가져보자.

뇌 속 훌륭한 팀 만들기

훌륭한 팀이 되기 위해서는 다양한 팀원들만큼이나 그들 사이의 효과적인 분업, 매끄러운 의사소통이 꼭 필요하다. 무엇보다 팀원들 간의 시너지를 창출해야 하기 때문이다. 하지만 동시에 팀원 한 명이 제 기량을 발휘하지 못하거나 부상을 입거나 완전히 팀을 떠날 때도 팀이 모래성처럼 와르르 무너지지 않도록 예방책을 세워놓아야 한다. 의사소통의 측면에서는 보다 원활한 소통을 위해 팀원들의 유연한 의사소통 능력과 여러 개의 의사소통 채널이 필요하다. 뇌는 이런 갖가지 요구 사항을 솜씨 있게 처리한다. 비록 시각, 청각, 예측 능력, 기억력과 같은 특정 인지 기능이 뇌의 개별 영역에 따라 특화되어 있지만, 이런 영역들은 홀로 작동하지 않을 뿐만 아니라, 각 영역의 신경 세포(뉴런) 또한 스스로를 재구성해 이웃 영역의 일을 어느 정도 거든다. 그래서 알츠하이머 환자는 병의 진행 과정에서 인지 기능 저하가 일어나기 전에 신경 퇴행을 먼저 겪게 된다.

성인의 뇌는 대부분의 영역에서 새로운 신경 세포를 생성하지 않는다. 따라서 성인일 경우에는 신경 세포의 수를 앞으로의 학습 능력이나 과거의 학습량을 나타내는 근거로 삼아서는 안 된다. 나뭇가지 모양의 돌기(시냅스synapse)를 가지고 있는 신경 세포는 세포 네트워크 안에 편안하게 자리를 잡고 앉아 이동하거나 재배치되지 않는다. 변하는 것은 신경 세포가 정보를 전달하기 위해 이웃 신경 세포를 향해 뻗어내는 시냅스이다. 연구 결과에 따르면, 학습은 신경 세포와 뇌의 영역 사이에 새로운 연결을 형성하거나 그 연결을 변화시킬 수 있다. 즉 신경 세포로 이루어진 팀은 학습을 통해 향상된 정보 처리 능력과 보다 순조로운 의사소통 능력을 얻을 수 있으며, 그 결과 임무를 쉽게 달성할 수 있는 팀이 된다고 비유할 수 있다.

과학자들이 '뇌 가소성brain plasticity'이라고 부르는 이런 뇌의 변화 덕분에, 우리는 노년기에도 놀라운 학습 능력을 유지할 수 있으며, 외상성 뇌 손상이나 뇌졸중으로 인한 인지 장애에서도 회복될 수 있다. 궁극적으로 우리가 이 책을 통해 추구하는 목표는 신경 세포 사이의 새로운 연결을 형성하고 이를 유지함으로써 우리 뇌의 학습 능력을 높이는 것이다. 뇌의 회백질에는 변화가 없을지라도 그 안의 신경 세포는 또 다른 가지를 만들어내고 서로 새롭게 연결될 것이다.

이제 이 책의 두뇌 훈련에 내보낼 팀원들을 만나보자.

메모 작성자

단순히 주변을 인식하는 행위는 행동의 토대가 되지 못한다. 우리 주변의 시공간 정보, 소리, 맛, 냄새는 재빨리 사라지며, 이런 정보에 따라 행동하기 위해서는 물리적 형태가 없어진 이후에도 어떤 형태로든 재현되어야 한다. 뇌에는 방금 경험한 정보가 사라진 후에도 관련 기억을 잠시 담아두는 단기 기억 저장 메커니즘이 있다. 정보가 체에 걸러진 모래처럼 빠져나가게 두지 않고, 뇌의 청각 영역은 방금 들은 정보의 메아리 같은 것을 유지하며, 시각 영역도 비슷한 방식으로 시각 정보를 간직한다.

그러나 이런 메아리는 너무 취약하기에 당장 하는 일과 관계가 없거나 우리가 주의를 쏟지 않으면 금세 사라진다. 기본적으로 뇌의 단기 기억 저장 영역은 인생이라는 교사가 쏟아내는 새로운 정보의 홍수를 급히 받아 적을 칠판만 가지고 있는 학생에 비유할 수 있다. 칠판이 가득 차면 학생은 계속 필기하기 위해 칠판을 깨끗이 닦아야 하는데, 이렇게 지워진 내용 중 일부는 나중에 다시 떠올릴 수 없다. 뒤따르는 정보가 너무 많아 단기 기억 저장 영역에 모두 저장할 수 없기 때문이다.

단기 기억은 가장 기본적인 형태로 원래의 정보를 간직한다. 다음 퍼즐에서 연습해보자.

아래에 있는 첫 번째 테스트의 숫자들을 한 번만 읽어보자. 그런 다음 이 페이지를 가리고, 반대쪽 페이지에 기억나는 대로 적어보자. 다 쓰고 나면 차례대로 다음 테스트를 해보자. 이 테스트를 통해 나의 단기 기억 능력이 어느 정도인지 알 수 있다.

Test 1

827437

Test 2

7351245

Test 3

40924301

Test 4

814052639

Test 5

3641582472

Test 6

59318207364

답하기

Test 1

Test 2

Test 3

Test 4

Test 5

Test 6

설계자

삶을 헤쳐가기 위해서는 주변에서 일어난 자극의 청각 정보나 시각 정보를 그대로 기억하는 것 이상의 행위가 필요하다. 이렇게 기억된 정보를 이용해 행동을 계획하고 결정을 내려야 한다. 이런 일을 하려면 '메모 작성' 능력만으로는 부족하며, 목표를 달성하기 위해 단기 기억의 내용을 조작하여 처리하는 능력이 필요하다. 과학자들은 이런 능동적 조작을 '작업 기억'이라고 부른다. 행동하는 단기 기억이라 할 수 있다.

작업 기억은 우리의 생각과 행동을 통제하고 이끄는 일련의 과정으로, 인지 기능의 설계자인 '실행 기능'에 속한다. 작업 기억은 단기 기억에 저장된 기억 조각을 가져와 당면한 과제를 해결하기 위한 단계를 계획하고, 장기 기억을 열심히 검색해 필요한 정보를 찾는다. 그 과정에서 딴생각이나 부적합한 선택 사항이 머릿속에 떠오르는 것을 억누르며, 목표에 도달할 때까지 진행 상황을 관찰하며 문제를 해결해 나간다.

복잡하고 추상적으로 들리는가? 30페이지의 '1.2 국가 이름 맞히기' 퍼즐은 제시된 글자를 다시 배열하여 여러 국가의 정확한 이름을 찾아내는 문제이다. 각 글자를 머릿속에서 이동시키기 위해서는 단기 시각 기억을 적극적으로 조작해야 한다. 퍼즐의 첫 번째 단어는 기억해야 할 글자가 적고 가능한 정답이 별로 없기에 간단히 해결할 수 있을 것이다. 그러나 단어가 조금씩 길어지면 문제는 점점 더 어려워진다. 우선 기억해야 할 글자가 많고 장기 기억에서 더 많은 선택지를 불러와야 하며, 잘못된 단어를 따로 기억하는 동시에 한 글자도 빼먹지 않도록 애써야 하기 때문이다. 이 퍼즐은 단기 기억 능력과 더불어 인지 능력의 유연성을 훈련하기 위해 작업 기억에 초점을 맞추고 있다.

점수

각 국가의 이름을 얼마나 빨리 알아낼 수 있는가?

루페

가통

엘라스이

제리알

르웨노이

콰도에르

갈포투르

나르아티헨

룬카메

위스스

덧붙이는 말

보다시피 실행 기능은 정교하고 복잡한 인지 기능의 밑바탕을 이루며, 인간의 전반적인 인지 영역 안에서 언제 어디서나 작동한다. 그래서 일부 신경과학자들은 실행 기능을 인지 진화의 정점이자 지능의 핵심 요소로 본다.

복잡한 퍼즐을 처음 접했을 때 그 퍼즐을 풀기 위한 원리를 파악하는 일은 실행 기능의 몫이다. 퍼즐을 푸는 데 필요한 요령을 알아내고 익숙해지면, 뇌의 처리 속도가 빨라진다. '1.3 스도쿠 6×6'에서 스도쿠를 풀 때든, '1.5 여행 경로'에서 파리로 가는 길을 찾을 때든, '1.6 외톨이 찾기'에서 복잡한 패턴을 구별할 때든, '1.17 상자 안에 무엇이 있을까?'를 위해 창의적으로 생각할 때든 언제나 실행 기능이 활약한다.

점수

빈칸에 1에서 6까지의 숫자를 넣어보자. 각 행과 열, 굵은 테두리의 3×2 작은 사각형 안에는 겹치는 숫자가 없어야 한다.

	3				5
2					
		6		2	
	4		5		
					2
4				6	

			6		1
			5		
4				6	
	1				4
		2			
5		3			

점수

점선을 따라 두 칸씩 짝을 지어 그려, 00부터 44까지 15개의 도미노 세트를 만들어

보자. 각 도미노는 정확히 1개씩 있으니, 아래의 도미노 그림과 비교해보면 좋다.

2	0	4	4	0	4
3	2	1	3	0	2
2	4	1	3	2	2
0	0	3	1	4	0
3	1	4	1	1	3

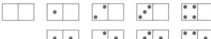

3	3	2	4	2	2
3	3	1	4	0	0
1	1	2	4	1	4
1	3	0	0	1	4
0	4	2	3	2	0

파리로 가는 길을 찾기가 참 어렵다. 아래의 경로에서 '파리PARIS'를 찾을 수 있을까? P에서 시작해 선을 따라 알파벳을 순서대로 방문해 PARIS를 완성해보자. 단, 같은 글자를 두 번 지나가서는 안 된다.

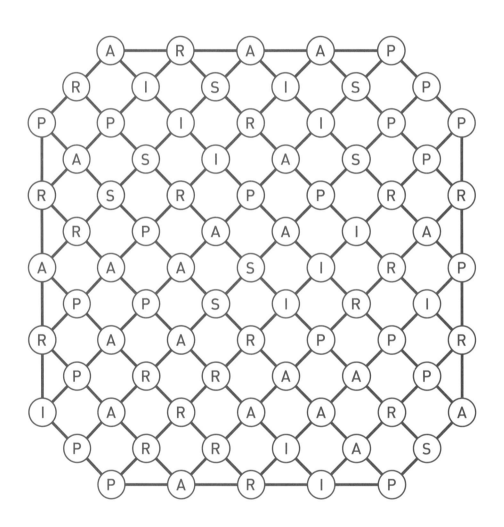

보기 A, B, C, D, E 중 혼자만 다른 것은 무엇인가? 그 이유는?

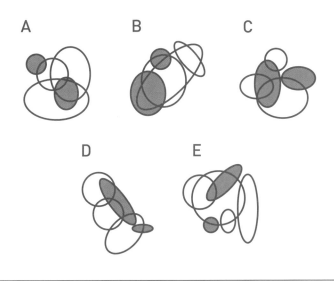

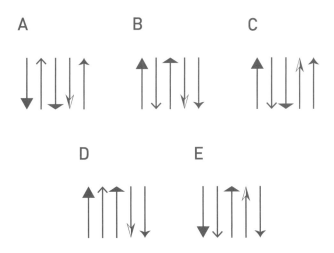

머릿속의 그림판

우리가 몸을 움직일 때 뇌는 공간 정보를 머릿속에서 재현한다. 덕분에 주변 물체나 사람에게 부딪히지 않으며, 식탁 위의 사과를 잡으려고 할 때 엉뚱한 곳으로 손을 뻗지도 않고, 식료품점에서 길을 잃지도 않는다. 우리가 이런 일을 하도록 도와주는 인지 기능을 '시공간 인지 기능'이라고 한다.

2차원 책에 그려진 3차원 퍼즐을 푸는 일은 쉽지 않다. 하지만 이미지를 머릿속에서 회전시키는 '심적 회전mental rotation'과 같은 몇 가지 시공간 인지 기능은 종이책으로도 연습할 수 있다. '1.7 거울상 찾기'처럼 심적 회전과 심적 잔상이 필요한 문제를 풀기 위해서는 '마음의 눈'으로 시공간 정보를 조작해 복잡한 물체나 환경의 3차원 이미지를 머릿속에 그려야 한다. 앞서 설명한 바와 같이, 이런 시공간 인지 기능은 작업 기억 능력과 복잡하게 연동된다.

표시된 점선이 보기의 이미지가 비치는 거울이라고 상상해보자. 그러면 보기 A, B, C, D 중 어떤 이미지가 나타날까? 크기와 비율은 무시한다.

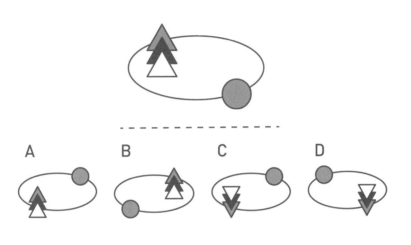

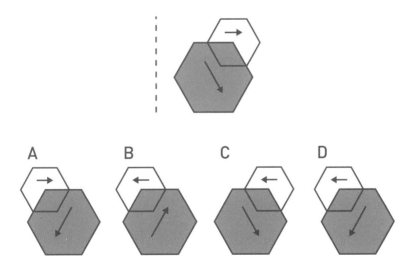

아래의 두 퍼즐에서 한 쌍의 똑같은 도형을 잇는 길을 그려보자. 한 사각형 안에는 하나의 길만 있어야 하며, 길은 가로나 세로 방향으로만 그릴 수 있다.

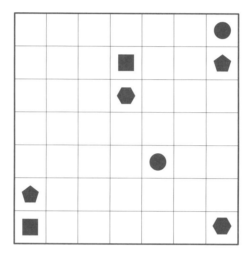

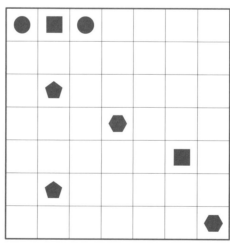

화살표 방향으로 내려다볼 때, 각각의 3D 물체를 나타내는 그림은 보기 A, B, C, D 중 무엇인가?

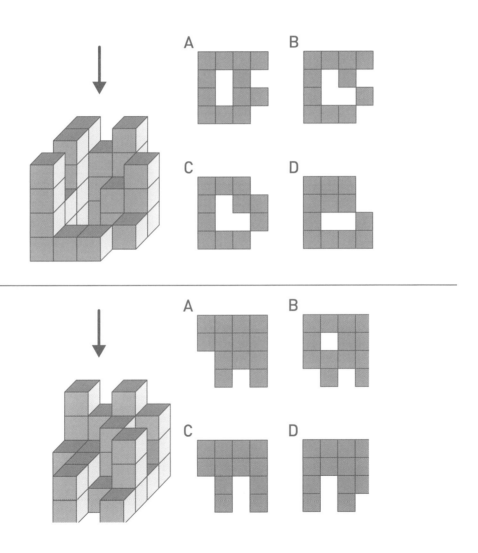

왼쪽 그림에 나타난 격자무늬를 살펴본 다음, 그림을 가리고 오른쪽의 빈 격자에 패턴을 정확하게 그려보자. 두 번째와 세 번째 격자에서도 똑같이 해보자.

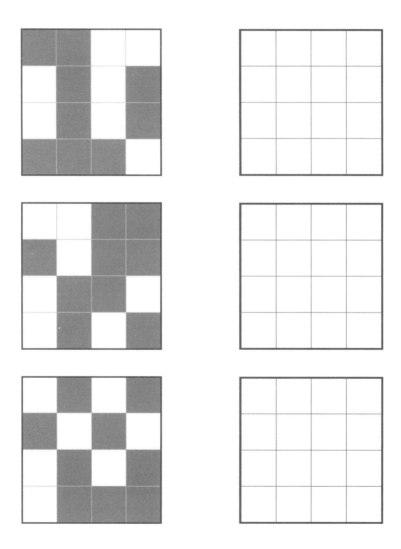

아래의 퍼즐에서 보기 A, B, C, D 중 어느 것을 쌓으면 왼쪽 그림처럼 만들 수 있을 까? 보기의 블록은 각각 한 번씩만 사용해야 한다.

 A 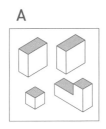 B 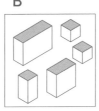 C 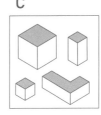 D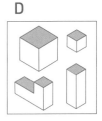

 A 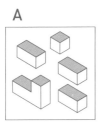 B 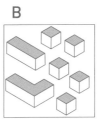 C 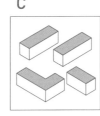 D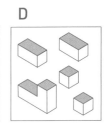

색종이를 접어 아래 그림처럼 구멍을 뚫는다고 상상해보자. 펼쳤을 때 나타나는 모습은 보기 A, B, C, D 중 어느 것인가?

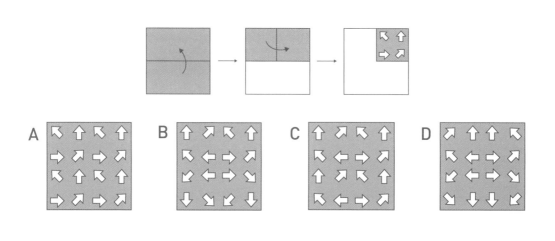

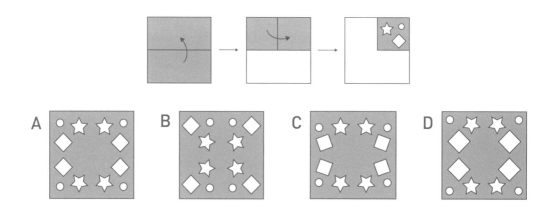

덧붙이는 말

머릿속으로 이미지를 그리고 조작하는 데 능숙해지면, 다른 인지 기능에도 도움을 줄 수 있다. 예컨대, 기억법에도 활용할 수 있어 기억력이 좋아진다.

그리고 흥미롭게도, 시공간 인지 능력이 좋으면 복잡한 과학 개념도 더 쉽게 배운다. 다음의 예를 보자.

▶ 화학자의 경우, 분자 내 여러 원소가 배열된 모습을 상상할 수 있으면 상이한 물질들이 서로 어떻게 반응하는지를 기억해내기가 쉬워진다.

▶ 훌륭한 공학 기술자라면 새로운 디자인을 생각할 때 다양한 부품의 여러 가지 조립 방법을 상상할 수 있다.

▶ 외과 의사는 수술할 때 정확한 곳을 잘라 끔찍한 일이 벌어지는 것을 막아야 한다. 그러기 위해서는 환자의 해부학적 구조를 머릿속에서 훌륭하게 3차원적으로 떠올릴 수 있어야 한다.

두뇌 도서관의 사서

학습을 위해서는 정보를 오랫동안 저장해야 한다. 그리고 저장된 지식이 많을수록 다양한 지식을 활용해 문제를 해결할 수 있다. 다양한 정보를 결합해 참신한 결론에 도달하기도 하고, 이전에 없었던 해결책을 이끌어낼 수도 있다. 장기 기억에는 언어, 사실, 운동 능력 그리고 개인적으로 경험한 '자서전적 기억'까지 엄청난 양의 정보가 수십억, 수백억 개의 신경 세포에 저장되어 있다.

그러나 우리가 하루하루 겪는 경험 중 대부분은 영구 기억 저장 영역에 남아 있지 않다. 왜 우리는 그렇게 많은 것을 잊어버릴까? 연구에 의하면, 우리의 기억 시스템은 사진을 찍듯이 자세하게 세상의 모습을 간직하거나 사건 일지처럼 상세하게 일어난 사건을 기억하도록 진화하지 않았다. 그런 기억 시스템은 인지 자원이 많이 필요하므로 생존하는 데는 크게 도움이 되지 않았기 때문이다. 실제로 생존에 도움이 되는 행동은 다음과 같았다.

▶ 새로운 운동 기술의 학습(창을 던져라!)

▶ 사물과 상황, 생명체를 매우 정확하고 빠르게 분류하는 행동(저건 호랑이인가? 저 딸기 먹어

도 될까?)

▶ 사람들 간의 관계 기억하기(내가 저 사람들을 믿어도 될까? 저들이 내 음식을 훔치려 들까? 이 무리 중 누구와 사이가 좋고, 누구와 나빴지?)

▶ 성공적인 의사소통 능력(내가 가운데로 갈 테니, 너희 둘은 왼쪽과 오른쪽으로 뛰어가. 먹잇감이 도망치지 못하게 막자.)

▶ 그리고 이 모든 지식을 이용해서 미리 계획하기(저 둘은 잘 지내지 못하니까, 둘 다 사냥에 데려갈 수는 없어. 그러니 창을 더 잘 던지는 저 사람만 데려가야겠어.)

이런 관점에서 보면 우리의 장기 기억 시스템은 훌륭하다고 할 수 있다. 그렇지만 알고 있는 사람의 이름을 다시 한번 묻거나 비밀번호가 생각나지 않아 찾아봐야 할 때는 정말 짜증이 난다. 이를 예방하기 위해 다음 장에서는 몇 가지 유용한 기억 전략을 배워볼 것이다. 우선 '1.13 비밀번호 외우기'로 가볍게 뇌를 풀어보자.

아래에 나오는 질문들을 가리고, 여기에 나온 4개의 비밀번호를 1분간 외워보자.
시간이 다 되면 아래의 질문들을 보자.

은행 현금카드 비밀번호: 3971

이메일 비밀번호: D14MoND

경보장치 비밀번호: 468123

직장 비밀번호: o1f2f3i4c5e

답하기

위의 내용을 가리고, 다음 질문에 답해보자.

❶ 은행 현금카드 비밀번호는 무엇인가?

❷ 이메일 비밀번호의 숫자를 비슷한 모양의 알파벳으로 바꿨을 때, 어떤 영어 단어가 나오는가?

❸ 직장 비밀번호에 숫자를 빼면 어떤 영어 단어가 나오는가?

❹ 4개의 비밀번호가 다 포함하고 있는 숫자는 무엇인가?

❺ 경보장치 비밀번호의 숫자 6개를 모두 더하면 총합은 얼마인가?

❻ 홀수만 포함된 비밀번호는 무엇인가?

다음에 나오는 동물 목록을 완전히 외워보자. 준비되면 목록을 덮고, 그 아래의 빈 칸에 써넣어보자.

거위

개구리

기린

고슴도치

가젤

괭이갈매기

답하기

방금 외운 동물 이름을 같은 순서로 다시 적어보자. 밑줄은 각 이름에 몇 개의 글자가 있는지 보여준다.

__ __

__ __ __

__ __

__ __ __ __

__ __ __ __

__ __ __ __ __

시작하기 전 반대쪽 페이지의 본문을 가리고, 그림 형제의 동화에서 발췌한 아래의 이야기를 읽어보자. 사용된 문장을 기억할 수 있을 때까지 반복해서 읽어보자. 다 외웠다면, 반대쪽 페이지로 넘어가자.

옛날 옛적에 어떤 왕과 왕비가 살았는데, 이 나라에는 요정들도 살고 있었다. 이 왕과 왕비는 돈과 좋은 옷, 먹을 것과 마실 것이 넉넉했다. 그러나 결혼한 지 오래되었음에도 자식이 없어 매우 슬퍼하고 있었다.

하루는 왕비가 강가를 걷고 있었는데, 작은 물고기 한 마리가 불쌍하게도 물 밖으로 잘못 나와 강둑 위에서 헐떡이며 죽어가고 있었다. 왕비는 작은 물고기를 가엽게 여겨, 강물 속으로 다시 던져주었다. 물고기는 헤엄쳐 떠나기 전에 물 위로 머리를 내밀며 말했다. "저는 왕비님의 소원이 무엇인지 알고 있어요. 제게 친절하게 대해주신 보답으로 그 소원을 이뤄드릴게요. 곧 딸을 얻으실 거예요." 작은 물고기의 예언이 곧 이루어졌다. 오래지 않아 왕비가 여자 아기를 낳았다. 그 아기가 너무 예뻐서 기쁨에 찬 왕은 바라보는 것을 멈출 수 없었다.

답하기

이제 앞의 페이지를 가리자. 아래의 이야기는 방금 외운 이야기와 거의 같지만, 지문의 단어 중 10개가 바뀌었다. 바뀐 단어 10개가 무엇인지, 그리고 원래 단어가 무엇인지 말할 수 있는가?

옛날 옛적에 왕과 왕비가 살았는데, 이 국가에는 정령들도 살고 있었다. 이 왕과 왕비는 돈과 웃기는 옷, 먹을 것과 마실 것이 넉넉했다. 그러나 결혼한 지 20년이 되었음에도 자식이 없어 매우 괴로워하고 있었다.

하루는 왕비가 강가를 걷고 있었는데, 작은 물고기 한 마리가 불쌍하게도 물 밖으로 잘못 나와 강둑 위에서 히히 웃으며 죽어가고 있었다. 왕비는 익살스러운 물고기를 가엾게 여겨, 폭포 속으로 다시 던져주었다. 물고기는 헤엄쳐 떠나기 전에 물 위로 머리를 내밀며 말했다. "저는 왕비님의 소원이 무엇인지 알고 있어요. 제게 친절하게 대해주신 보답으로 그 소원을 이뤄드릴게요. 곧 아들을 얻으실 거예요." 작은 물고기의 예언이 곧 이루어졌다. 오래지 않아 왕비가 남자 아기를 낳았다. 그 아기가 너무 예뻐서 기쁨에 찬 왕은 바라보는 것을 멈출 수 없었다.

점수

다음의 식료품 목록을 완벽하게 외우고, 준비되면 목록을 가리고 아래의 문제에 답해보자.

가지	**마늘**
나물	**바나나**
다시마	**사과**
라면	**아보카도**

답하기

이제 방금 외운 목록을 같은 순서로 다시 써보자. 기억에 도움이 되도록 각 항목의 첫 글자는 이미 써두었다.

가＿＿＿＿　　　　마＿＿＿＿

나＿＿＿＿　　　　바＿＿＿＿

다＿＿＿＿　　　　사＿＿＿＿

라＿＿＿＿　　　　아＿＿＿＿

틀에서 벗어난 꾀돌이

약 300만 년 전 인류의 조상인 '호모 하빌리스homo habilis'는 주변의 평범한 물건을 특별한 목적을 위해 사용하는 도구로 만든 최초의 인류이다. 이는 자신이 원하는 결과를 위해 새로운 해결책을 상상하는 능력, 즉 창의적 사고가 가져온 위대한 업적이었다.

물론 인간의 창의성은 우리가 맞닥뜨린 문제에 대한 실용적인 해결책뿐만 아니라, 단지 미학적으로 만족스럽다고 생각하기 때문에 만들어낸 예술 작품 또한 탄생시켰다. 우리가 아는 거의 모든 문화권은 고유한 예술 작품을 갖고 있다. 이는 창의성이 우리 뇌의 선천적인 특성이라는 사실을 나타낸다. 창의력은 인간이 생존을 위한 투쟁에서 마주치는 다양하고 복잡한 도전에서 경쟁 우위를 차지하게 해준다.

그러나 창의성을 키워 아름다운 예술품을 만드는 일은 그 자체로 가치 있는 목표지만, 퍼즐은 이런 것과는 별 관련이 없다. 그래서 이 책은 퍼즐을 이용해 문제 해결을 위한 새로운 접근 방식, 즉 문제를 여러 각도에서 바라보는 '측면적 사고lateral thinking'를 연습하려고 한다. 주어진 문제 안에서 활용할 수 있는 모든 증거를 차례대로 사용하는 단계적 접근 방식인 전통적인 논리적 사고 과정과는 차이가 있다. 본질적으로 창의성은 틀에서 벗어난 생각을 가능케 하기 때문이다.

 '1.17 상자 안에 무엇이 있을까?'를 생각하며 뇌를 깨우고 창의성이 흘러넘치게 해보자. 그리고 바로 다음에 나오는 '1.18 물건에 대한 생각'에서 틀을 깨는 아이디어를 연습해보자.

상자 안에 있을 듯한 물건을 그려보자.

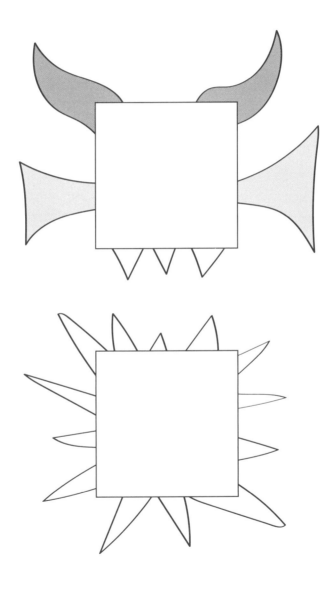

점수

다음 물건들이 색다르게 쓰이는 방법을 몇 개나 떠올릴 수 있을까? 일반적인 쓰임새를 쓰지 않도록 조심하며 생각나는 대로 적어보자.

비닐 튜브 물놀이장

반죽용 밀방망이

논리학자

추론은 주어진 정보를 활용해 논리적 결론에 도달하는 사고 과정을 의미한다. 논리적 사고를 사용해 우리는 세상의 규칙성을 발견할 수 있으며, 이를 통해 미래를 예측하고 목표를 위한 신중한 계획을 세울 수 있다. 초기 인류와 생물학적 조상의 진화를 연구하는 과학자들은 조직화된 행동이 매우 중요한 사회적 무리 생활 자체가 우리의 추론 능력을 발전시키는 중요한 요소였다고 말한다.

그렇다면 논리적 추론에는 어떤 것이 있을까? 논리적 추론에는 여러 유형이 있다. 예를 들어, 참이라고 알고 있는 규칙이 주어지고 그 규칙을 이용해 문제를 풀 수도 있다. 스도쿠를 생각해보자. 규칙이 분명하게 정해져 있으며, 우리는 '1.3 스도쿠 6×6' 같은 문제를 해결하기 위해 그 규칙을 따르기만 하면 된다. 일반적인 산수 문제는 모두 이런 유형의 추론 능력만을 필요로 한다. 비록 스도쿠는 수학적 연역 추리가 필요치 않으며 그 안의 숫자는 단지 기호에 지나지 않지만 말이다.

각 칸의 숫자는 바로 아래 맞닿은 두 칸에 들어 있는 숫자의 합과 같다. 각각의 빈칸에 알맞은 숫자를 써넣어보자.

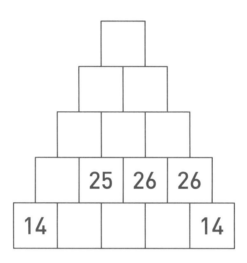

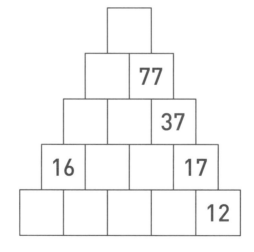

점수

이 페이지의 하단 부분을 가리고, 아래의 음식 그림을 1~2분간 바라보자. 준비되면 그림을 가리고 아래의 문제를 읽어보자.

답하기

이제 이 페이지의 상단 부분을 가리고, 아래의 음식 그림 중 위에 나오지 않은 그림에 동그라미를 쳐보자.

덧붙이는 말

세상에 관해 얻은 정보를 사용하는 일보다 어려운 것은 이를 이용해 그 세상을 지배하는 규칙을 이해하는 것이다. 이를테면 '1.6 외톨이 찾기'에서 주어진 예시를 관찰해 5개의 그림 중 4개의 그림이 가진 공통적인 구성 규칙을 알아내야 한다. 이 일에는 스도쿠를 풀 때보다 더 많은 인지적 노력이 필요하다. '참'을 이루는 요소가 무엇인지 찾아내는 데 더 많은 불확실성이 존재하기 때문이다.

잠깐 쉬어가며

지금까지 많은 지식이 쏟아져 나왔다. 인지 심리학이나 신경과학 수업의 단기 집중 강좌를 들었다면 배웠을 법한 핵심 내용이라고 할 수 있다. 여기까지 해내느라 수고했다! 하지만 한 번 읽었다고 해서 다 기억할 수는 없다. 책을 넘기다가 다시 이 부분을 읽어보면 기억하는 데 도움이 될 것이다. 다음 장에서는 이 책의 퍼즐을 푸는 데 도움이 되는 전략을 배워보자.

다음 사각형 안에는 어떤 규칙으로 이어지는 8단계의 그림이 '뒤죽박죽된 순서'로 들어가 있다. 비어 있는 사각형 안에 알맞은 그림을 그려보자.

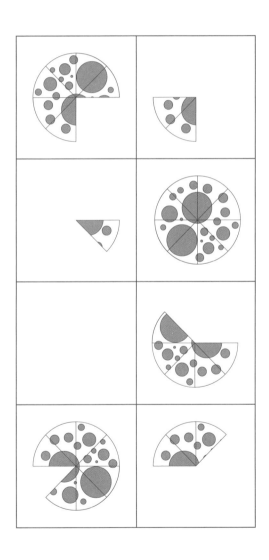

STEP
2

시작
운동

시작 운동

준비 운동을 마쳤으니, 난도를 높여보자. 이 장에서는 인지 근육을 본격적으로 사용할 것이다. 또 이런 과제를 풀 때 사용할 수 있는 첫 번째 인지 전략도 배울 것이다.

발전 정도를 확인하기

이 장과 다음 장의 퍼즐을 풀며 자신의 능력이 얼마나 향상되었는지 알고 싶을 것이다. 이 책의 말미에 실린 '진행 상황 메모'를 사용해보자. 메모를 적는 방법 중 한 가지는 비슷한 문제를 풀 때 걸리는 시간을 알아보는 것이다. 첫날과 일주일 후의 차이가 보이는가? 2주일 이상 지난 후에는 풀이 시간이 얼마나 걸리는가? 혹은 창의적 사고 문제에서 더 참신한 아이디어가 떠오르는가? 이전보다 기억력 문제에서 더 많은 세부 사항이 생각나는가? 자신이 얼마나 발전했는지 확인해보면 크나큰 동기가 생겨난다. 작은 진전이라도 이뤘다면, 자신의 성공을 축하해도 좋다.

꾸준히 하기

뇌의 단기 기억 저장 용량에는 한계가 있다. 그래서 뇌는 일상생활에 필요한 정보를 뇌와 연결된 상태로 유지하면서도 주변의 필요 없는 수많은 자극을 막아주는 필터 역할까지 수행해야 한다. 버스를 기다리며 좋아하는 노래를 들을 때 주변에 있는 낯선 사람들의 얼굴이나 그들이 나누는 대화, 근처 빵집에서 나는 냄새 따위를 전부 기억할 필요는 없기 때문이다.

방금 경험한 것을 잊어버리고 싶지 않다면 정신을 집중해야 한다는 문제가 생긴다. 물론 집중력은 모든 복잡한 인지 기능에 필요한 보편적인 자원인 '주의력'으로 결정된다. 그러나 안타깝게도 '책'이라는 형식은 주의력 훈련에 적합하지 않다. 따라서 주의력을 키우기 위한 최선의 방법은 주변의 방해 요소를 최소화하고 인지 훈련 연습을 할 때 다른 일에 한눈을 팔지 않는 것이다.

단기 기억 문제에 사용할 수 있는 가장 확실한 전략은 '웅얼거리며 반복하기sub-vocal rehearsal'이다. 머릿속에서 정보를 끊임없이 되새겨 기억 속에 확실하게 남아 있도록 하는 기억법이다. 아마 평소에 많이 쓰는 방법일 것이다. 유명하고 효과적인 또 다른 기억법은 의미나 공통점에 따라 여러 정보를 하나의 의미 덩이chunk로 묶는 방법, 덩이 짓기 또는 청킹법이다. 이 방식이 왜 효과적일까? 하나로 묶인 여러 정보는 단기 기억 저장소의 자원을 더 적게 소모한다. 예를 들자면, 4개의 숫자 4, 3, 6, 1을 순서대로 기억하는 것과 43과 61이라는 2개의 숫자를 기억하는 것을 비교해보면 알 수 있다. 지금 배운 덩이 짓기 방법, 즉 청킹법을 이용해 다음 퍼즐을 풀어보자.

점수

문제의 숫자를 2번씩 읽고, 2자리 혹은 그 이상의 수로 그룹을 묶어서 외워보자. 그리고 문제를 가리고, 다음 페이지에 가능한 한 정확하게 숫자를 적어보자. 한 문제를 끝냈으면, 다음 문제로 넘어가 차례대로 모두 도전해보자.

Test 1

3 1 5 7 9 1 9 4 5

Test 2

2 0 9 9 4 2 4 5 1 8

Test 2

1 7 4 5 5 9 2 4 0 9 3

Test 4

5 2 8 5 2 0 2 5 7 8 3 9

답하기

이제 기억나는 대로 숫자를 적어보자.

Test 1

Test 2

Test 3

Test 4

마음의 눈으로

시공간 인지 기능을 사용하는 경우의 대표적인 예로는 1980년대의 유명한 게임인 '테트리스Tetris'나 비슷한 종류의 퍼즐 블록 게임, 그리고 루빅큐브가 있다. 언어적 단기 기억 문제와 달리, 시공간 인지 문제에서는 각 요소의 특징과 더불어 그 사이의 관계 또한 모두 기억해야 하는 복잡한 능력이 필요하다. 덩이 짓기 전략은 몇몇 유형의 시공간 퍼즐을 풀 때도 활용할 수 있다. 이어서 나오는 퍼즐에 이 전략을 적용해보고 당신에게도 효과적인지 알아보자.

'2.2 격자무늬 기억하기'와 비슷한 유형의 퍼즐이라면, 이 전략은 아주 유용하다. 이를테면 격자무늬의 가운데 대각선을 사이에 두고 대칭으로 손쉽게 덩이 또는 그룹을 지을 수 있다. 우리의 두뇌는 낯익은 모양의 도형을 좋아하므로, 대각선이나 T자, 직사각형, 삼각형과 같은 모양으로 만들어 기억하면 좋다. 또 의미 있는 물건을 연상시키는 모양을 생각해낸다면 더 쉽게 기억할 수 있다.

퍼즐을 풀다 보면 느끼겠지만, 모든 전략이 주어진 인지 훈련 퍼즐에 똑같이 효과적이지는 않다. 가장 알맞은 전략을 고르는 방법을 익히는 것도 그 자체로 가치 있는 목표이자 퍼즐을 풀어 나가는 동안 추구해야 할 목적이다.

왼쪽의 격자무늬를 살펴본 다음, 손으로 가리고 오른쪽의 비어 있는 격자에 똑같은
무늬를 그려 넣어 보자. 두 번째와 세 번째의 격자무늬에서도 같은 과정을 반복하자.

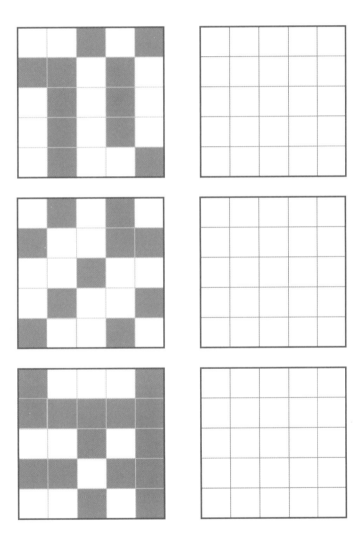

다음 2개의 퍼즐에서는 똑같은 모양끼리 서로 연결되는 길을 그려보자. 빈칸에는 하나의 길만 그릴 수 있으며, 서로 만나서는 안 된다. 길은 수직 또는 수평으로만 그려야 한다.

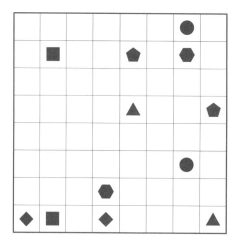

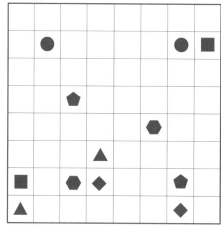

2.4 울타리 치기

가로선과 세로선을 그려 모든 점을 하나로 연결해보자. 선을 그릴 때는 주어진 점을 모두 정확히 한 번만 지나야 하며, 선끼리 만나서는 안 된다. 선의 일부분은 미리 그려놓았다.

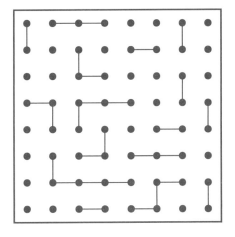

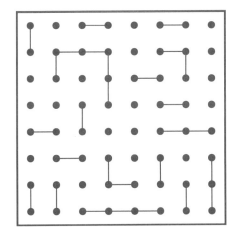

머릿속에서 움직이기

시공간 인지 기능을 훈련하는 다른 전통적인 문제로는 심적 회전 문제가 있다. 머릿속에서 심상을 떠올린 후 그 물체의 방향을 바꾸는 것이다. '2.5 숨은 이미지 찾기'에서는 예시 그림이 모양과 구성을 일정하게 유지한 채 보기 속에 숨어 있다. 이 문제의 목적은 4개의 보기 중 어느 것에 예시가 숨어 있는지 알아내기 위해 원래 그림을 회전해보는 것이다. 이를 위해 그림의 각 부분을 살펴보고, 이를 하나씩 머릿속에서 회전시키는 분석적 전략analytical strategy을 사용할 수 있다. 또는 모양을 전체적으로 회전시키는 전체적 전략holistic strategy을 연습하는 것도 좋다. 다만 모양이 복잡한 경우, 전체적 전략은 시도하기가 조금 어려울 수 있다.

공간 지각 문제에 서툰 사람은 각 단계를 말로 나타내보는 방법이 더 효과적일 수 있다. 이 방법은 자료를 시각 정보와 별개로, 또 다른 방식의 정보로 표현할 수 있기 때문이다. 손을 사용해 모양이 변하는 움직임을 흉내 내는 방법(운동감각kinestic 전략)도 다른 인지 시스템을 사용하므로 도움이 된다.

점수

보기 A, B, C, D 중 왼쪽 이미지가 숨어 있는 것은 무엇일까? 숨어 있는 이미지는 회전한 상태일 수 있지만, 모든 모양이 들어 있고 분명히 보인다.

A
B
C
D

A
B
C
D

덧붙이는 말

시공간 인지 퍼즐의 목표는 머릿속에서 물건의 구성을 변경해 새로운 모양을 만드는 것이다. 이전 장의 '1.11 블록 쌓기'에서 정육면체 같은 도형을 조작하는 일이나 뒤에 나오는 '2.6 투명 종이접기'에서 종이를 접어 그림을 합치는 일을 생각해보자. 이런 심상 이미지의 변형 능력은 3D 물체로 작업하는 사람에게 꼭 필요한 능력이다. 레고를 만들거나 이케아 선반을 조립할 때도 이런 추상적인 사고 능력이 요구된다.

다중 기억 시스템

살아가며 우리는 상당히 많은 양의 장기 기억을 뇌의 여러 하위 기억 시스템 속에 저장한다.

▶ **절차 기억**procedural memory은 글쓰기, 자전거 타기, 뜨개질, 테니스나 피아노 치기 같은 운동 기술을 저장하는 기억이다.

▶ **의미 기억**semantic memory에는 사실과 지식이 저장되어 있으며, 부분적으로 겹치는 뇌 네트워크 때문에 과거에 겪은 경험이나 관찰한 사건에 대한 기억인 일화 기억과 상호 협력하여 작동한다.

▶ **일화 기억**episodic memory은 특정 사건의 맥락과 세부 사항에 관한 정보를 간직하고 있다. 반면, 의미 기억은 우리가 그 정보를 처음 알게 된 맥락과는 분리된 채로 저장된다. '2.9 셰익스피어 작품 맞히기'에서는 사실에 대한 기억만 필요하지만, 셜록 홈스가 나오는 '2.8 주홍색 연구'에서는 이야기의 맥락과 세부 사항을 기억해야 한다.

왼쪽의 그림을 점선을 따라 반으로 접었을 때 나타나는 그림은 보기 A, B, C, D 중 어느 것인가? 그림은 투명한 종이에 그려져 있다고 가정한다.

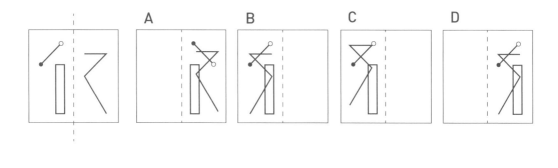

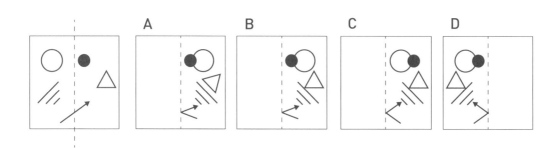

덧붙이는 말

장기 기억은 또한 다른 신경계와 인지 과정과 함께 작동한다. 예를 들어, 애너그램 anagram 같은 언어유희 퍼즐은 객관적 지식을 빠르게 훑어보는 능력뿐만 아니라, 다른 정답 후보를 염두에 두면서 동시에 추측이 맞는지 확인하기 위해 주변 글자를 바꿔보는 시공간 작업 기억 능력 또한 요구한다. 이런 문제는 단기 기억과 장기 기억 능력을 향상시켜주는데, 시간제한이라는 조건을 추가하면 뇌의 정보 처리 속도 또한 높아지는 훈련이 된다.

점수

아래의 애너그램에서 얼마나 빨리 유명 가수들의 이름을 찾아낼 수 있는가? 괄호 안의 숫자는 원래 이름과 성의 알파벳 수를 의미한다. (힌트: 돌리 파튼Dolly Parton, 엘튼 존Elton John, 에드 시런Ed Sheeran, 엘비스 프레슬리Elvis Presley, 마돈나Madonna, 폴 매카트니Paul McCartney, 스티비 원더Stevie Wonder, 테일러 스위프트Taylor Swift가 등장한다.)

AND MOAN (7)

LIVELY SPREES (5, 7)

EVEN WORDIEST (6, 6)

NO HEN JOLT (5, 4)

SEEN HEARD (2, 7)

ARTY IT FLOWS (6, 5)

PARTY ON DOLL (5, 6)

CURT MANLY PACE (4, 9)

2.8 주홍색 연구

먼저 다음 페이지의 지문을 가린 다음, 아서 코난 도일Arthur Conan Doyle의 추리소설 《주홍색 연구A study in scarlet》에서 발췌한 아래의 이야기를 읽어보자. 사용된 단어를 기억할 수 있을 때까지 여러 번 읽어보자. 그런 다음 다음 페이지로 넘어가자.

홈스는 확실히 같이 살기 어려운 사람은 아니었다. 조용히 생활했으며, 규칙적인 습관을 지니고 있었다. 밤 10시가 넘도록 깨어 있는 일은 드물었고, 내가 일어나기 전에 항상 아침을 먹고 집을 나갔다.

때때로 그는 화학 실험실이나 시체 해부실에서 하루를 보냈다. 가끔은 하루 종일 긴 산책을 하며 지냈다. 이때 그는 도시의 가장 가난한 동네까지 돌아보곤 했다.

의욕에 찬 상태일 때의 홈스는 엄청난 활기를 내뿜으며 생활했다. 그러나 때로는 발작을 일으켜 며칠 동안 아침부터 밤까지 말 한마디 내뱉거나 손가락 하나 까닥하지 않은 채 응접실의 소파에 누워 있곤 했다. 이럴 때면 나는 그의 눈동자가 몽롱하고 공허한 빛을 띠고 있다는 사실을 눈치챘다. 평소 그의 절제되고 정갈한 생활을 몰랐다면, 그가 모종의 마약에 중독된 상태라고 의심했을 것이다.

이제 앞의 페이지를 보지 않고 아래 지문을 읽어보자. 아래의 지문은 먼저 읽고 외운 원본과 거의 동일하지만, 단어 8개가 다르게 쓰여 있다. 바뀐 단어 8개와 그 단어의 원래 단어를 말할 수 있겠는가?

홈스는 확실히 같이 살기 힘든 사람은 아니었다. 조용히 생활했으며, 뻔한 습관을 지니고 있었다. 밤 10시가 넘도록 깨어 있는 일은 드물었고, 내가 일어나기 전에 항상 밥을 먹고 집을 나갔다.

때때로 그는 생물학 실험실이나 시체 해부실에서 하루를 보냈다. 가끔은 하루 종일 긴 산책을 하며 지냈다. 이때 그는 수도의 가장 가난한 동네까지 돌아보곤 했다.

의욕에 찬 상태일 때의 홈스는 엄청난 활기를 내뿜으며 생활했다. 그러나 때로는 발광을 일으켜 며칠 동안 아침부터 밤까지 말 한마디 내뱉거나 손가락 하나 까닥하지 않은 채 거실의 소파에 누워 있곤 했다. 이럴 때면 나는 그의 눈동자가 몽롱하고 허무한 빛을 띠고 있다는 사실을 눈치챘다. 평소 그의 절제되고 정갈한 생활을 몰랐다면, 그가 모종의 마약에 중독된 상태라고 의심했을 것이다.

점수

아래의 글자들은 셰익스피어의 유명한 희곡 8개의 제목에서 초성만 따온 것이다. 희곡의 이름을 유추해보자.

ㄸ ㄷ ㄹ ㅎ ㅅ ㅇ

ㅎ ㅅ ㄷ

ㅎ ㅇ ㄹ ㅂ ㅇ ㄲ

ㄷ ㄱ ㅈ ㅊ ㅊ

ㅁ ㄱ ㄹ ㅇ ㄱ ㄷ ㅇ ㄱ

ㅂ ㄹ ㄴ ㅇ ㄷ ㅅ ㅅ

ㄲ ㅇ ㅈ ㅇ ㅁ ㄷ ㅈ ㄷ

ㅇ ㅈ ㅇ ㅈ ㄱ ㅇ ㅇ ㅇ ㄷ

평생의 기억

가끔 우리는 기억 창고의 복도를 돌아다니다가, 어떠한 외부적 자극도 없는데 과거의 일을 떠올리며 추억을 회상할 때가 있다. 그러나 사실 우리가 그런 일화 기억을 떠올리는 대부분의 경우, 보통은 우리의 마음 도서관 속 저장된 기억을 깨어나도록 건드리는 외부의 신호가 존재한다.

아마도 과거의 사건을 생각나게 하는 무언가를 보고 들었거나, 관련된 냄새를 맡았거나, 그때와 비슷한 맛을 느꼈을 것이다. 이런 오감 중 하나가 그때의 경험과 강한 연관이 있다면, 기억이 유달리 생생하게 떠오를 것이다. 다음의 예를 보면 이해가 쉽게 될 것이다.

▶ 여름휴가 동안 특히 즐겨 먹었던 아이스크림

▶ 가장 친한 친구와 함께 보낸 좋은 시절을 생각나게 하는 당시 자신의 '애창곡'

▶ 영화관에서 그 영화를 처음 보았을 때를 생각나게 하는 영화 속 명대사('포스가 함께하기를!May the Force be with you!', '곧 돌아올게!I'll be back!', '젓지 말고 흔들어서Shaken, not stirred')

이런 종류의 자극은 기억 창고 속 어떤 특정 기억이나 관련된 여러 기억들을 바로 불러올 수 있으며, 동시에 그 기억과 연관된 많은 세부 사항 또한 상기시킨다. 또 그렇게 되살아난 기억 덕분에 비슷한 과거 경험을 더 쉽게 떠올려 도미노 같은 기억의 연쇄반응을 일으킬 수도 있다.

그리고 이 방법에는 강력한 단서가 없어도 원하는 기억을 떠올릴 수 있다는 커다란 이점이 있다. 보통 아무 단서가 없을 때는 머릿속 기억 창고를 훨씬 더 샅샅이 찾아봐야 하기 때문이다. 그래서 '2.10 보를 기억하라'가 '2.11 15개와 15분'보다 훨씬 쉽다. 시작 글자 '보'가 기억 검색 공간을 좁혀주기 때문이다.

기억이 잘 나도록 하는 가장 강력한 방법은 기억하고 싶은 여러 정보를 연상을 이용해 연결하는 것이다. 이 전략은 생생한 심상 이미지를 결합하면 훨씬 효과적이다.

'2.12 갈팡질팡 짝꿍 찾기'의 그림과 단어 사이 또는 '2.11 15개와 15분'의 단어들 사이에 연상을 형성할 방법을 생각해보자. 행동으로? (여행 가방을 창문 밖으로 던지는 행동을 해본다.) 공통점으로? (스티커와 자는 사무실에 있다.) 단어와 그림이 서로 연결되게 이야기를 만들어낼 수 있을까? 이 방법은 이야기가 이상하거나 웃길수록 효과적이다. ('아침에 일어나 몸무게를 재다가 체중계 위의 바나나를 밟았다.')

기억하고 싶은 내용을 과거의 경험과 연관시킬 수 있을까? (지난번 기차 여행에서 커피를 좌석에 쏟았다.) 연상을 형성하고, 기억해야 할 정보를 자세히 설명하고, 이야기를 만들어내면 더 많은 정보를 더욱 완전하게 오랫동안 기억할 수 있다.

2.10 보를 기억하라

이 페이지의 하단 부분을 가리고, 다음의 단어를 완벽하게 외워보자. 준비되면 단어들을 덮고 아래의 질문에 답해보자.

보석	보름달
보드게임	보험
보금자리	보자기
보호자	보쌈정식

답하기

이제 방금 외운 단어들을 다시 적어보자. 가나다순으로 작성할 수 있는가?

_____	_____
_____	_____
_____	_____
_____	_____

점수

다음의 단어 15개를 충분한 시간을 들여 외운 다음, 아래에 나오는 지시대로 해보자.

상상	팔꿈치
스티커	지팡이
과정	카테고리
자	텔레비전
키보드	모자
방사선	풍요
건널목	창고
사랑	

답하기

이제 위의 단어들을 가리고 단어 15개를 모두 떠올려보자.

하나 더

15분을 기다렸다가 103페이지를 펼쳐보자.

이 페이지의 아래쪽을 가리고, 시간을 들여 오른쪽에 있는 그림과 단어를 짝 지어 외워보자. 준비되면 그림과 단어를 가리고, 아래의 질문에 답해보자.

금잔화   연필   바나나

셔츠   트럭   나뭇잎

창문   테니스   커피

답하기

이번엔 페이지의 위쪽을 가리자. 그림 아래에 단어를 똑같이 적을 수 있는가?

_____   _____   _____

_____   _____   _____

_____   _____   _____

이 페이지의 아래쪽을 가리고, 다음에 나오는 나라의 이름을 모두 완벽하게 외워보자. 다 외웠으면 명단을 가리고, 아래의 문제를 읽어보자.

인도네시아	캐나다	멕시코
아르헨티나	시에라리온	오만
헝가리	브라질	뉴질랜드
일본	말라위	포르투갈
노르웨이	요르단	

답하기

여기 나라 명단이 하나 더 있다. 위쪽 명단의 일부가 다른 나라로 바뀌었으며, 순서도 달라졌다. 새로 나타난 나라에 동그라미를 그려보자. 추가로 원래 있던 나라가 무엇인지 말해보자.

아르헨티나	일본	오만
브라질	요르단	파푸아 뉴기니
캐나다	말라위	포르투갈
헝가리	몬테네그로	시에라리온
인도	노르웨이	

오른쪽 페이지를 가리고, 아래의 비밀번호를 가능한 한 많이 외워보자. 준비가 되었다 싶으면 이 페이지를 가리고, 옆 페이지로 넘어가자.

휴대전화 비밀번호: 038562

온라인 뱅킹 비밀번호: 기어ㄱ1001

WiFi 비밀번호: 10인29터38넷47비56번

노트북 컴퓨터 로그인 비밀번호: 나31접13속

TV 스트리밍 비밀번호: ㅇ4ㅕ5ㅇ6ㅎ7ㅘ

직장 이메일 비밀번호: 극비1995

공과금 코드 번호: 000884

집 컴퓨터 비밀번호: 집72컴퓨터

비밀번호 목록이 아래에 각각 조금씩 달라진 채 쓰여 있다. 각 비밀번호의 변경 사항을 찾아내고, 원래 비밀번호가 무엇인지 말해보자. 비밀번호의 순서는 같다.

휴대전화 비밀번호: 039562

온라인 뱅킹 비밀번호: 기어ㅋ1001

WiFi 비밀번호: 인10터29넷38비47번56

노트북 컴퓨터 로그인 비밀번호: 나13접31속

TV 스트리밍 비밀번호: ㅇ4ㅕ5ㅇ6ㅎ7ㅘ8

직장 이메일 비밀번호: 극비1999

공과금 코드 번호: 008884

집 컴퓨터 비밀번호: 집의72컴퓨터

비판적으로 사고하기

우리는 이용 가능한 정보나 증거를 모은 다음, 논리적 사고와 추론을 통해 세상에 대한 적절한 판단을 내리려 한다. 주변에 존재하는 정보에서 규칙과 패턴을 찾아내는 일은 복잡한 문제를 해결하는 데 있어 아주 중요하다. 우리의 두뇌는 대단히 훌륭한 예측 기관으로, 세상에 대한 지식을 최신 상태로 유지하기 위해 계속해서 새로운 데이터를 수집하고 미래를 짐작하여 앞으로의 행동을 결정한다. 미리 예상할 수 있으면 주변에서 일어나는 사건에 더 빨리 대처하고 적절한 계획을 세울 수 있다. 이를테면 기차가 10분 후에 역에서 출발한다는 사실을 알고 있지만 역까지 걸어가는 데 12분이 걸리는 경우, 우리는 걸어서는 제시간에 도착할 수 없다는 결론에 도달한다. 따라서 걷는 대신 자전거를 타는 선택을 할 수도 있다.

이제 몇 가지의 숫자 논리 문제로 두뇌 운동을 시작해보자.

점수

빈칸에 1에서 9까지의 숫자를 넣어 스도쿠를 완성해보자. 가로줄과 세로줄, 짙은 테두리의 3×3 정사각형 안에는 모든 숫자가 단 한 번씩만 들어가야 한다.

4	1			6			9	5
9		5				6		4
	3						2	
			8		9			
8								3
			6		5			
	2						1	
1		4				8		2
3	8			5			4	9

점수

각 칸의 숫자는 바로 아래 맞닿은 두 칸에 들어 있는 숫자의 합과 같다. 각각의 빈칸에 알맞은 숫자를 써넣어보자.

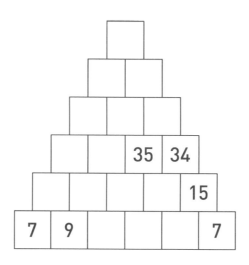

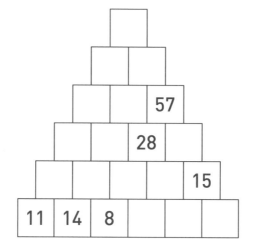

덧붙이는 말

스도쿠와 달리, 이제부터 나오는 시공간 추상 추론 퍼즐은 정해진 규칙이 없다. 각각의 규칙을 직접 알아내야 한다. 이런 문제는 종종 지능지수IQ 테스트에도 사용된다.

언어 지능이나 사회 지능을 보면 알 수 있듯, 지능에는 여러 가지 유형이 있다. 그러나 이런 시공간 지각 문제가 포함된 추론 테스트는 언어가 필요 없기에 전 세계 사람들 간의 문화 차이가 두드러지게 나타나지 않는다는 장점이 있다. 또한 이 테스트는 과학, 기술, 공학, 수학 분야의 능력과 가장 관련이 깊은 경향이 있다. 다만 이런 종류의 논리 시험에서 뛰어난 사람이라고 해서 언어와 관련된 추론 과제 또한 반드시 잘한다고는 말할 수 없다.

이런 퍼즐에 접근하는 가장 간단한 방법은 문제를 풀기 위해 사용한 방법을 차례대로 적어보는 것이다. '2.17 암호 풀기'를 보자. 그림들의 공통점을 적고, 그림이 나타내는 글자가 무엇인지 추측한 내용을 모두 적어보자. 그리고 적은 내용이 맞는지 확인하며 틀린 추측은 지우자.

자신이 생각한 규칙에 반대되는 증거도 주의 깊게 찾아보아야 한다. 대부분의 사람은 의혹이 들 때 자신의 가설에 들어맞는 증거만 찾고 반대되는 증거는 찾지 않는다. 이는 평소 사람들이 많이 범하는 흔한 실수로, 소위 '확증 편향confirmation bias'이라고 불린다.

점수

왼쪽 4개의 그림을 설명하는 데 사용된 암호가 무슨 뜻인지 찾아내어, 물음표 자리에 들어갈 암호가 보기 a, b, c, d 중 어느 것인지 골라보자.

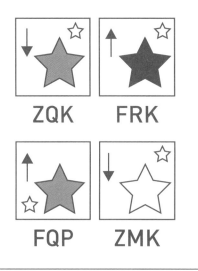

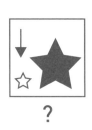

?

a. FQK b. ZMP

c. ZRP d. FRK

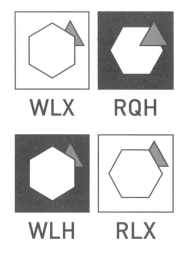

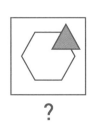

?

a. WLH b. RQX

c. RLQ d. WQX

논리적으로 말이 되려면, 그림의 빈 곳에 A, B, C, D, E 중 어느 것을 넣어야 할까?

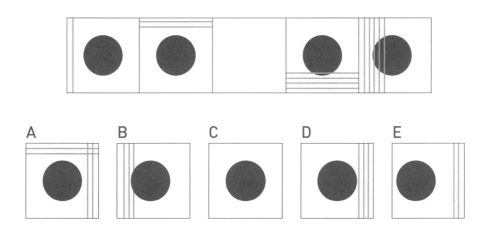

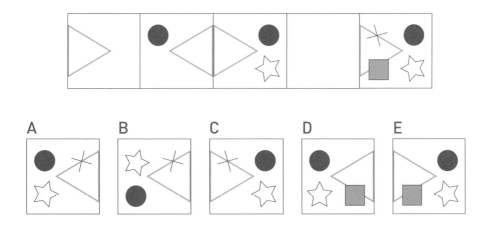

그림 무늬를 만드는 규칙을 따랐을 때, 빈칸에는 A, B, C, D 중 어느 것이 들어가야 할까?

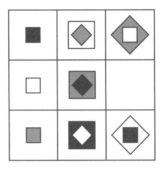

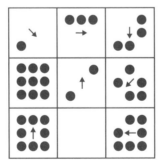

내면의 아이를 찾아라

아이가 가진 창의력은 정말 놀랍다. 어릴 때 우리는 평범한 사물을 원래의 사용 목적과 상관없이 전혀 색다른 방식으로 가지고 놀았다. 새로운 세계를 만들어내고, 인형에게 말을 걸고, 세상을 구하는 전사로 변신했다. 세상의 시선 따위는 아랑곳하지 않고, 용의 공격을 막으려고 냄비를 머리에 쓰고 괴성을 지르며 뛰어다녔다. 그러나 우리 모두는 결국 어른이 되었고, 이제 나무 숟가락은 허공에 흔들며 마법 주문을 외우는 요술봉이 아니라 프라이팬 안에서 지글거리는 음식을 휘젓는 요리 도구일 뿐이다.

스탠퍼드 대학교의 유명한 창의성 연구자 로버트 맥킴Robert McKim 교수는 실험을 위해 수업 시간에 학생들에게 옆자리에 앉은 사람을 그리게 했다. 그는 30초 후에 "그만"이라고 소리쳤고, 학생들은 당황한 채 웃음을 터뜨리며 자신의 서툰 그림에 대해 "죄송합니다!"라고 미안해했다. 성인인 학생들은 다른 사람들이 자기 그림을 어떻게 생각할지 걱정하는 게 분명했다. 어린이들도 똑같이 행동할까? 대답은 '아니요'이다.

평가받는 것에 대한 두려움이 있다면, 특히 색다른 생각이나 아이디어를 떠올렸을 때 더 그러하다면, 창의성이 발휘될 수가 없다. 위험을 감수하지 않게 되고, 결과적으로 생각의 자유를 잃기 때문이다. 이런 태도는 심지어 자신만을 위한 것을 만들 때도 나타난다. 다른 사람이 볼 수 없다는 사실을 알면서도 말이다. 아마도 자신의 생각에 대해 비판적인 태도를 내면화했기 때문일 것이다.

한편으로는 마음속에 제일 먼저 떠오르는 생각을 그냥 내뱉지 않는 마음가짐이 이해가 된다. 그러나 스스로를 지나치게 검열하면 더 이상 참신한 아이디어를 낳지 못하게 된다. 이는 매우 걱정되는 상황이다. 그래서 몇몇 디자인 회사들은 이런 상황을 큰 문제라고 생각해, 더욱 편안하고 친근하며 덜 비판적인 환경을 만들기 위해 애쓰고 있다. 결국 비판받지 않을 것이라고 느끼면 새로운 디자인이나 아이디어를 동료에게 이야기할 때 덜 불안할 것이다. 그 아이디어가 다소 엉뚱해 보일지라도 말이다.

내면의 비평가가 입을 다물게 하는 좋은 방법은 스스로 시간제한을 두고 그 시간 동안 문제에 대한 해결책을 가능한 한 많이 생각해내는 것이다. 이 방법은 많은 해결책을 빨리 생각해내는 것이 목표이기 때문에 자신에게 비판적인 경향을 억누르는 데 도움이 된다. 창의력 과제인 '2.21 18개의 원'이 이 전략의 멋진 예이다. 이 문제는 3분 안에 18개의 원을 이용해 그림을 그려야 하므로 긴장을 풀고 내면의 비평가를 잠재우는 데 도움이 된다.

또 다른 전통적인 방법은 평범한 사물의 특이한 용도를 최대한 많이 생각해내는 것이다. 종이 클립의 용도는 누구나 알지만, 알려진 용도 말고 다른 용도로도 많이 사용할 수 있다. 철사를 곧게 펴서 자물쇠를 따는 데 사용하거나 손톱 밑에 낀 때를 없앨 수도 있다. (이 상상에 비위가 상한다면 지극히 정상적인 반응이라고 할 수 있다.) 또는 휴대전화에 유심칩을 넣기 위해 귀찮은 덮개를 여는 등 다양한 용도로 쓸 수 있을 것이다. 내면의 비평가가 유난히 강력하다면, '2.20 물건에 대한 생각'에 답할 때 시간제한을 두고 해보는 것도 좋다.

2.20 물건에 대한 생각

다음에 나온 물건의 특이한 용도를 얼마나 떠올릴 수 있는가? 생각나는 대로 최대한 많이 적어보자. 다만 '일반적이고 평범한' 용도는 적지 않도록 조심하자.

탁상용 스탠드

이제 창의적인 상상력을 발휘해보자. 아래의 원을 하나씩 이용해 다양한 그림을 그려보자.

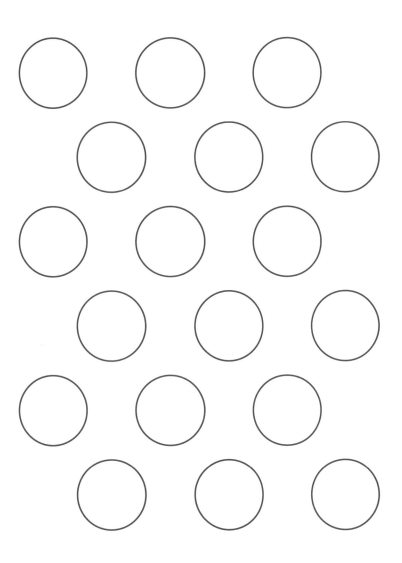

덧붙이는 말

창의력 문제를 다 끝냈다면, 자신의 아이디어를 다시 한번 되돌아보자. 18개의 원에 그린 그림에 공통된 주제가 있는가? 혹은 축구공, 농구공, 테니스공처럼 같은 아이디어를 살짝 바꾼 것인가? 다음 장에서는 유창성fluency(아이디어를 생각하는 속도)과 함께 유연성flexibility, 즉 아이디어의 다양성 키우기를 목표로 할 것이다. 그리고 이런 창의력 훈련에 관심 있는 친구나 가족이 있다면 같이 문제를 풀어본 후 결과물을 서로 보여주며 독특한 디자인이나 쓰임새에 관한 대화를 나눠보자. 이런 행동은 창의적인 생각을 다른 사람에게 알리는 것에 대한 두려움을 극복할 때 도움이 된다.

앞의 2.11에 이어서

'2.11 15개와 15분'을 아직 풀지 않았다면, 그 문제를 먼저 끝내자.

15분이 지난 지금, 15개의 단어 중 몇 개나 기억할 수 있는가? 아래에 있는 15개의 빈 칸에 가능한 한 많이 적어보자.

다음 그림에는 각각 블록이 몇 개씩일까? 그림은 $4 \times 4 \times 4$ 블록을 쌓은 다음, 일부 블록을 제거한 결과이다. 어떤 블록도 공중에 '떠 있지' 않다.

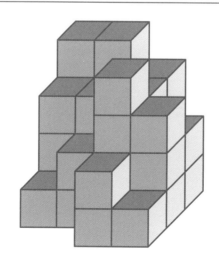

다음 사각형 안에는 어떤 규칙으로 이어지는 8단계의 그림이 '뒤죽박죽된 순서'로 들어가 있다. 비어 있는 사각형 안에 알맞은 그림을 그려보자.

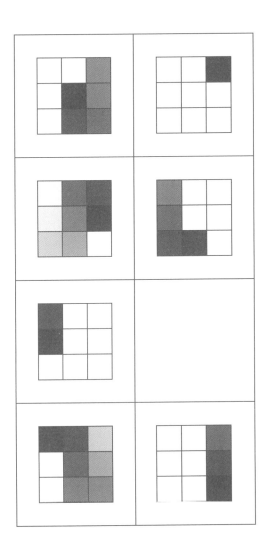

STEP
3

본격 강화
운동

본격 강화 운동

'4STEP 두뇌 훈련 프로그램'에서 가장 까다로운 문제를 풀 준비가 되었는가? 이 말은 심장을 위한 유산소 강화 운동cardio에서 영감을 받았다. 두뇌의 성장을 돕는 고강도의 힘든 운동을 표현하기에 참 알맞은 단어라고 할 수 있다.

역경에 대처하기

이 장의 퍼즐을 시작하기 전에, 'STEP 1 준비 운동' 단계의 문제와 'STEP 2'의 약간 더 어려운 문제를 몇 개 먼저 풀어보는 것이 좋다. 여기서는 앞서 배운 전략이나 방법을 적용해보거나 새로운 전략을 배우는 것을 목표로 한다. 문제가 다소 까다로워도 시간을 들여 연습하면 점점 쉽게 풀 수 있을 것이다.

맞닥뜨린 문제가 손도 못 댈 만큼 어렵게 느껴진다면 곰곰이 생각할 수 있도록 충분한 시간을 써도 좋다. 아니면 잠시 쉬는 시간을 보낸 후에 다시 풀어도 괜찮다. 때로는 환경을 바꾸면 새로운 실마리가 생각나기도 한다. 문제의 한 부분을 따로 떼어 내고, 각 과정을 하나하나 단계별로 작업해서, 문제 풀이 과정을 여러 개의 작은 과정으로 나눠보자. 특히 추론 퍼즐의 경우, 아주 힘든 문제를 풀기 위한 첫 번째 단계로 문제를 자신이 자주 쓰는 단어로 바꿔 써서 직관적으로 느껴지는 문장으로 만들어보면 좋다. 자, 이제 시작해보자!

절친한 친구들

단기 기억과 장기 기억은 좋은 파트너이다. 오래된 기억을 떠올리면 그 세부 사항은 의식적으로 접근할 수 있는 '연결online' 상태가 되는데, 이는 단기 기억을 통해서 접근할 수 있다. 우리는 이 연결을 우리에게 유리하게 사용할 수 있다. '3.1 비밀번호 외우기'에 나오는 휴대전화 비밀번호 6자리 숫자같이 숫자 목록을 외워야 할 때 머릿속에서 이 숫자를 읊어대며 적당한 개수로 끊어서 외울 수도 있지만, 장기 기억을 활용해 주어진 숫자와 이미 알고 있는 지식을 연결해 의미를 부여할 수도 있다.

1962년에 태어났다고? 집 주소가 85번지라고? 이제 덩이 짓기, 즉 청킹법은 물론 의미가 있어 쉽게 잊어버리지 않을 정보 기억법을 모두 사용할 수 있다. 이런 방법을 쓰면 오랫동안 정보를 기억할 가능성이 커진다. 기억하고 싶은 정보에 패턴이 있어도 마찬가지로 효과가 있다. (1-3-5-7은 9-2-6-0보다 훨씬 외우기 쉽다.) 와이파이WiFi 비밀번호에서 이런 점들을 찾을 수 있는가? 내일 혹은 다음 주가 되어도 비밀번호를 기억할 수 있겠는가?

3.1 비밀번호 외우기

앞의 '2.14 비밀번호 외우기'로 돌아가 다시 모든 비밀번호를 외워보자. 다 외웠으면, 이 페이지로 돌아와 맞는 답을 적어보자.

휴대전화 비밀번호:

온라인 뱅킹 비밀번호:

WiFi 비밀번호:

노트북 컴퓨터 로그인 비밀번호:

TV 스트리밍 비밀번호:

직장 이메일 비밀번호:

공과금 코드 번호:

집 컴퓨터 비밀번호:

하계 올림픽이나 동계 올림픽 경기의 이름을 얼마나 빨리 찾아낼 수 있는가?

지루

론슬애이바

드턴배민

기경상육

켈톤스레

정조

마승

보스드노

드보트이케스

스토리텔링의 장점

보다시피 다양한 연상 전략은 이런저런 정보를 기억하는 데 유용하다. 텍스트, 즉 '글'로 된 정보의 내용과 세부 사항을 기억하는 데는 PQRST 전략을 사용할 수 있다. 이 전략은 미리보기Preview, 질문하기Question, 읽기Read, 답하기State, 시험 치기 Test이다. 이 기술은 원래 학생들의 독해력을 향상하기 위해 사용되지만, 읽은 글의 내용을 나중에 다시 떠올리는 데도 도움이 된다.

미리보기 단계에서는 주어진 글을 빠르게 훑으며 기억의 뼈대를 세울 중요한 주제를 재빨리 알아낸다. 이때 기억의 도서관에 이미 튼튼하게 박혀 있는 보편적인 배경지식을 활용한다. 질문하기 단계에서는 주어진 글을 수동적으로 받아들이지 말고 적극적인 태도로 내용에 관해 마음속으로 질문을 던진다. 이 행동은 글의 특정 내용을 또렷이 기억시킨다. 읽기 단계에서는 주어진 글을 집중하여 읽고, 답하기 단계에서는 앞서 스스로 던진 질문에 답을 한다. 마지막으로 시험 치기 단계에서는 기억하는 정보의 양이 얼마나 되는지 자신을 시험해볼 수 있다. 글을 읽을 때 스스로에게 던지는 질문이 많으면 많을수록 이야기를 더 자세하게 기억할 수 있다.

기억하고 싶은 정보를 복잡한 머리글자로 된 약어로 만드는 방법도 좋은 기억 전략이지만, 약어가 너무 길어 기억나지 않는 경우에는 어떻게 할 것인가? 그러니 의미 있는 문장을 만드는 것이 기억에 남기는 더 좋은 방법이다. PQRST라는 약어만 기억하면 이 전략의 각 단계를 쉽게 잊어버릴 것이다. 대신 '질문하기=풍부한 스토리텔링' 식으로 기억한다면 각 단계를 기억할 가능성이 더 커진다. 그러나 가장 좋은 방법은 운율이 있는 문장을 만들어내는 것이다. 우리가 기억하고 있는 수많은 노래 가사를 생각해보라!

이제 나올 기억력 문제에서 지금 배운 새로운 전략을 써먹어보자. 또 2장에서 배운 연상 전략도 활용해보자. 머릿속으로 생생하게 이미지를 그리며 이야기를 만들어내어 정보가 장기 기억에 잘 저장되도록 하면 된다. '3.24 얼굴 기억하기'에서 사람의 특징과 이름 사이의 연관성을 찾아보자. 예를 들어, 데이브Dave는 왕관처럼 뾰족뾰족한 머리카락을 지니고 있으므로, 영어로는 데이비드David로 발음되어 데이브와 비슷한 '다윗 왕King David'을 기억의 힌트로 사용할 수 있다.

먼저 뒤 페이지에 나오는 질문을 가린 후. 브램 스토커Bram Stoker의 《드라큘라 Dracula》에서 발췌한 아래의 글을 읽어보자. 처음부터 끝까지 두어 번 읽은 다음, 문제를 풀어보자.

5월 3일, 비스트리츠. — 5월 1일 오후 8시 35분에 뮌헨에서 출발해 다음 날 아침 일찍 빈에 도착했다. 기차의 도착 예정 시간은 6시 46분이었지만, 한 시간이나 연착했다. 기차에서 내다본 부다페스트는 근사한 도시처럼 보였다. 기차역을 나가 거리를 조금 걸어보았는데 여전히 멋졌다. 그러나 늦게 도착했기에 다음 기차의 출발 시간을 생각하니 역에서 너무 멀리 가는 것은 내키지 않았다. 이 도시는 나에게 서양을 떠나 동양으로 들어왔다고 느끼게 했다. 한층 깊고 넓어진 다뉴브강이 도시를 흐르고 있었다. 다뉴브강에 놓인 다리 중 가장 서구적이고 화려한 다리를 건너자, 사방에서 튀르키예 문화의 영향이 느껴졌다. 다음 기차는 거의 제시간에 출발해 해가 진 후 클라우젠부르크에 도착했다. 그날 밤은 그 도시의 로열 호텔에 묵었다. 저녁으로 붉은 고추를 곁들인 닭고기 요리를 간단히 먹었다. 아주 맛있었으나 양념이 강해 갈증을 불러일으켰다. (메모: 미나를 위해 조리법 알아보기.) 요리에 관해 웨이터에게 묻자 '파프리카 헨들'이라는 전통 요리로, 카르파티아산맥 지방 어디에서나 먹을 수 있다는 답을 들었다. 내 빈약한 독일어 실력이 이곳에서는 매우 쓸모가 있었다. 사실, 그마저 못 했더라면 고단한 여행길이 될 뻔했다.

이제 앞 페이지를 가리고, 방금 읽은 《드라큘라》의 내용에 관해 다음 질문에 답해 보자.

❶ 이 일기의 날짜는?

❷ 글쓴이는 몇 시에 뮌헨에서 출발했는가?

❸ 기차가 빈에 얼마나 늦게 도착했는가?

❹ 글쓴이가 '화려한 다리'가 있다고 묘사한 강은?

❺ 글쓴이가 머무른 호텔의 이름은?

❻ 글쓴이는 누구를 위해 조리법을 얻으려 했는가?

❼ 글쓴이가 먹은 요리와 관련되어 일기에 등장한 산맥은 어디인가?

❽ 글쓴이가 '빈약한 실력'을 가졌다고 말한 언어는?

점수

먼저 이 페이지의 아래쪽을 가리고, 아카데미 최우수 작품상을 받은 다음의 영화 목록을 완벽하게 외워보자. 다 외웠다고 생각되면 아래의 질문에 답해보자.

노매드랜드	시카고	아마데우스
기생충	글래디에이터	간디
문라이트	타이타닉	록키
스포트라이트	브레이브하트	패튼 대전차 군단
아르고	용서받지 못한 자	
크래쉬	플래툰	

답하기

수상 작품을 모두 기억할 수 있는가?

전략의 달인

시공간 단기 기억과 심적 회전 문제를 위한 전략은 이미 앞서 소개했다. 그 전략에는 시각 정보를 언어적 정보로 언어화verbalization하는 방법, 주어진 물체를 한 번에 한 부분씩 회전하거나 전체적으로 회전하는 방법, 그리고 기억해야 할 정보를 의미 덩이로 분할해서 외우는 청킹법이 있다. 더 나은 결과를 위해 이런 전략들을 결합할 수도 있다. 지금부터 이 전략들을 더 연습해보려 한다. 먼저 자신이 문제를 풀며 사용하는 전략을 알아내자. 가장 선호하는 전략은 무엇인가? 문제 유형에 따라 그 전략이 어떻게 달라지는가? 아래의 빈칸에 자신의 전략을 적어보자.

보기 A, B, C, D, E 중 혼자만 다른 모양은 무엇인가? 그리고 그 이유는?

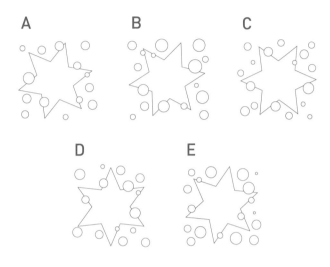

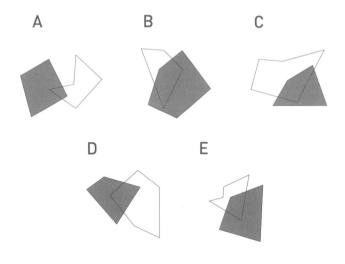

아래의 그림에서 여러 크기($1 \times 1, 2 \times 2, 3 \times 3 \cdots$)의 정사각형을 몇 개나 찾을 수 있는가?

아래의 4×4 정사각형에서 찾아낼 수 있는 정사각형은 몇 개인가?

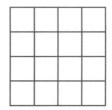

마지막으로, 아래의 5×5 정사각형에는 몇 개의 정사각형이 숨어 있는가?

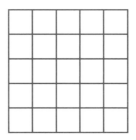

$n \times n$ 크기의 정사각형에서 찾아낼 수 있는 정사각형의 개수를 계산하는 수식을 알아낼 수 있겠는가?

점수

보기 A, B, C, D 중 어떤 블록을 이용해야 왼쪽 그림처럼 쌓을 수 있을까? 모든 블록은 정확하게 한 번만 사용해야 한다.

A

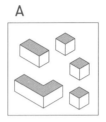

B

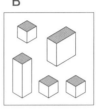

C

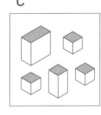

D

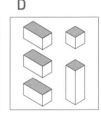

A

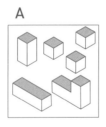

B

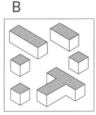

C

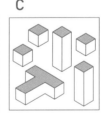

D

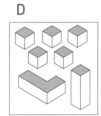

다음 두 그림의 정육면체는 각각 모두 몇 개인가? 각각의 블록들은 4×4 블록 쌓기로 시작되어 몇 개의 블록이 제거된 상태이다. 어떤 블록도 공중에 '떠 있지' 않다.

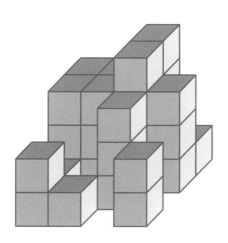

왼쪽 사각형의 격자무늬 패턴을 살펴보고 그림을 가린 다음, 오른쪽의 빈 사각형에
패턴을 똑같이 따라 그려보자. 두 번째도 똑같이 해보자.

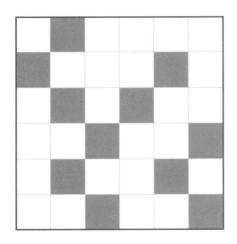
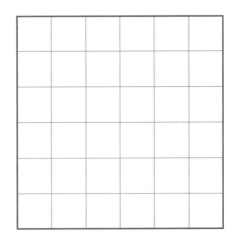

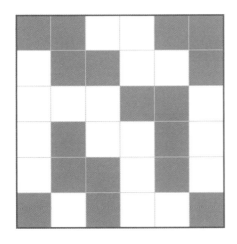
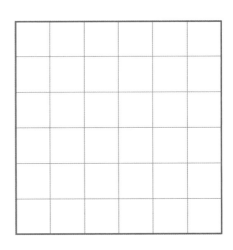

보기 A, B, C, D 중 왼쪽 이미지가 숨어 있는 것은 무엇인가? 회전은 가능하지만, 빠진 구성요소가 있어서는 안 된다.

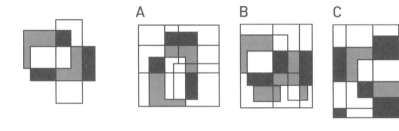

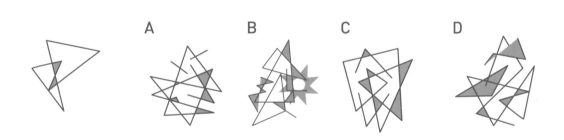

연역의 기술

연역deduction을 통해 우리는 세상에 존재하는 일반적인 사실을 바탕으로 특정한 결론을 이끌어낸다. 이런 일반적인 사실을 '전제'라고 한다. 보통의 퍼즐 게임이나 학창 시절에 만나는 수학 문제와 논리 문제가 흔히 이런 연역적 사고 과정을 필요로 한다. 예를 들면, 스도쿠의 첫 번째 전제는 모든 행과 열, 정해진 사각형 안에 1에서 9 사이의 숫자가 한 번씩만 나타나야 한다는 것이다. 이 전제는 모든 스도쿠 퍼즐에 적용되는 일반적인 규칙이다. 그리고 스도쿠 퍼즐에 따라서는 미리 주어진 숫자와 함께 추가 전제가 나타나기도 한다. 그러면 이렇게 주어진 규칙, 즉 전제에 따라 어떤 숫자가 어디에 있어야 할지를 추리한다. 즉 연역적 추론은 주어진 규칙에 따라 구체적인 결론을 이끌어내는 하향식 접근 방식top-down approach이다.

모든 행과 열, 굵은 테두리 안의 3×3 사각형 안에 반복되는 숫자가 없도록 1부터 9까지의 숫자를 넣어보자. 회색으로 칠해진 칸은 비어 있어야 하며, 어떤 특정한 숫자가 들어갈 수 없다. 이 회색 칸의 숫자는 각각의 행과 열, 3×3 사각형 안의 숫자에 따라 달라질 수 있다는 사실에 주의하자.

6	1		7	9		■	8	4
■		7			4			3
			■	5	3		7	
	5	6		4	■	9		8
2		■	5		1	7		6
7		3		8		1	5	■
	■		9	2	8			
9			4			5	■	2
8	7			■	5		9	1

각 칸의 숫자는 바로 아래 맞닿은 두 칸에 들어 있는 숫자의 합과 같다. 각각의 빈칸에 알맞은 숫자를 써넣어보자.

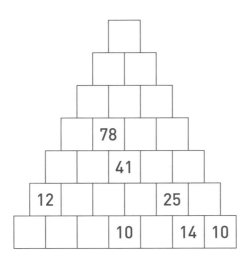

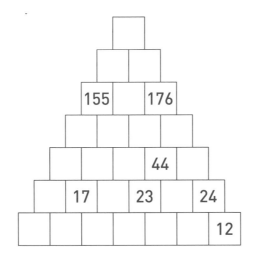

모든 행과 열, 굵은 선으로 그려진 조각 안에 반복되는 글자가 없도록 빈칸에 A, B, C, D, E, F, G를 넣어 이 조각 그림 스도쿠를 완성해보자.

덧붙이는 말

언어적으로도 연역적 방식을 이용해서 추론이 가능할까? 다음의 예를 보자.

▶ 전제 1: 런던 시민은 잉글랜드에 산다.

▶ 전제 2: 잉글랜드는 영국의 한 지역이다.

이 두 문장이 모두 사실이라고 가정하면, 우리는 런던 시민은 영국에 살고 있다고 절대적으로 확실하게 말할 수 있다.

이 두 전제를 알고 있는 누군가가 술집에서 영국 남자를 만났다고 가정해보자. 그 사람은 이 남자가 런던 시민이라고 결론을 내릴지도 모른다. 그러나 이런 경우에는 실제로 그에게 물어보기 전까지는 그 결론이 참인지 확신할 수 없다. 검증 없는 지나친 일반화의 전형적인 예라고 할 수 있다. 연역적 추론은 주로 수학자나 과학자가 항상 사용하는 방법이지만, 2장의 '기차 이야기'에서 우리도 사용했다. 기차가 10분 후에 역에서 출발한다는 사실을 첫 번째 전제로, 기차역까지 걸어가면 12분이 걸린다는 사실을 두 번째 전제로 들어, 도보로는 제시간에 도착할 수 없다는 '참'인 결론을 끌어냈다.

기본적인 사고방식

실제의 현실은 매우 복잡해서 일반적인 전제가 정말 옳은지 알 수 없다. 이런 경우에는 일상에서 겪은 구체적인 경험을 통해 일반적인 결론을 이끌어내는 귀납적 추론 방식이 도움이 된다.

▶ 어떤 사람이 공원에서 개를 보고 쓰다듬어주었다.

▶ 그 사람은 또 어떤 개가 젖먹이 아기 옆에 얌전히 앉아 있는 모습을 보았다.

▶ 개와 관련된 긍정적인 상황이 계속되어, 개라는 동물은 순하고 다정하며 해롭지 않다는 결론을 내린다.

그러나 수집한 증거에 의한 이런 결론은 사실일 수도 있지만, 반드시 사실이지는 않다. 개가 우편배달원을 물었다는 이야기를 들었다고 해도, 개에 대한 결론이 완전히 틀렸다고도 할 수 없다. 단지 이 이야기는 대부분의 개는 다정하지만 모든 개가 다정하지는 않다는 것을 뜻할 뿐이다. 즉 귀납적 추론은 완벽한 참이 아니라 참일 가능성이 높은 결론을 내놓는다. 이는 구체적인 사례에서 일반적인 규칙을 끌어내는 상향식 접근 방식bottom-up approach으로 연역적 추론 방식과는 반대된다. 이런 사고방식 아래에서는 개를 더 많이 보면 많이 볼수록, 개는 인간에게 우호적인 동물이라는 자신의 가설을 더욱 확신하게 될 것이다.

우리는 살아가며 과거의 경험을 통해 미래를 예측하는 귀납적 추론을 항상 사용하고 있다. 과거에 어떤 사건을 일으킨 규칙이 미래에도 여전히 통하는 경우가 많기 때문에 이런 사고방식은 실제로 효과적이다.

하지만 귀납적 추론에도 당연히 오류가 존재한다. 그래서 때로는 과거의 경험이나 지식을 바탕으로 미래를 예측할 수 없는 경우가 있다. 게다가 더 주의해야 할 점은 이런 과거의 경험이 결론과 예측에 부정적인 영향을 끼치는 선입견에 의해 좌우된다는 사실이다. 부족한 지식과 제한된 경험으로 살아가는 인간이기에, 우리는 모두 편견을 지니고 있기 때문이다.

그렇다면 편견에 맞서려면 어떻게 해야 할까? 셜록 홈스처럼 생각해야 한다. 그는 "불가능한 것을 제거하면, 남은 것은 그렇지 않아 보일지라도 진실일 수밖에 없다"라는 인상적인 말을 했다. 요컨대, 성급하게 결론을 내리기 전에 먼저 모든 증거를 살펴보고 관련 문제에 대해 여러 가지 가능한 설명이나 해결책이 있는지 알아봐야 한다. 가장 확실해 보이는 것이 언제나 정답인 것은 아니다.

가능하면 더 많은 정보를 수집할 수 있는 여러 방법을 찾고, 그렇게 모은 '데이터'와 양립하지 않는 선택 사항이나 결론을 하나씩 빼 나가면 된다. 그러면 마지막으로 참일 가능성이 가장 높은 선택만이 남게 된다.

귀납적 추론을 연습하기 위한 퍼즐을 만들기란 쉽지 않다. 그래서 이런 논리적 사고방식을 익히는 가장 좋은 방법은 확실한 인과관계가 잘 드러나지 않는 실제 생활에 적용해보는 것이다. 즉 학교나 직장, 또는 살면서 맞닥뜨리는 여러 상황의 복잡한 문제를 해결하기 위해 귀납적 추론을 사용해보면 좋다.

그러나 우선 지금은 다음 페이지에서 좀 더 추상적인 시공간 추론 퍼즐을 계속 연습해보자. 패턴을 파악해 규칙을 생각해내야 하는 퍼즐로, 귀납적 추론과 연역적 추론을 모두 활용해야 한다.

점수

다음 사각형 안에는 어떤 규칙으로 이어지는 8단계의 그림이 '뒤죽박죽된 순서'로 들어가 있다. 비어 있는 사각형 안에 알맞은 그림을 그려보자.

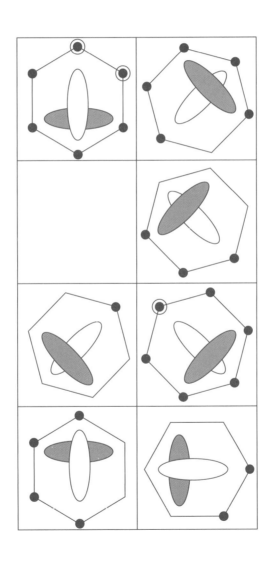

논리적으로 일어난 순서대로 그림을 완성하려면, 빈칸에는 보기 A, B, C, D, E 중 어느 것이 들어가야 하는가?

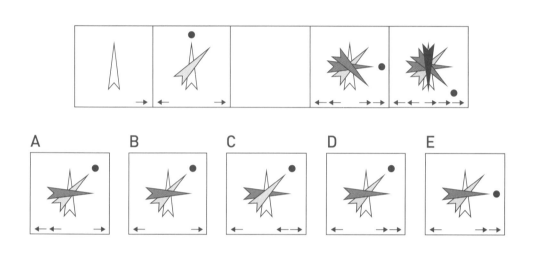

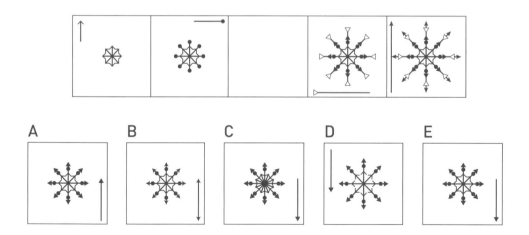

아래 사각형의 논리적 패턴을 완성하려면, 빈칸에 보기 A, B, C, D 중 어느 것을 넣어야 하는가?

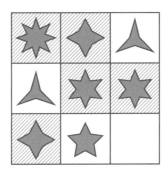

A B C D

A B C D

책 너머의 세상

대부분의 사람에게 일할 때나 놀 때나 일상생활을 하며 창의적인 생각을 할 기회는 많지 않다. 참으로 안타까운 일이다. 창의성을 발휘해 완전히 새로운 무언가를 생각해내는 일은 엄청난 보람도 있으며 우리의 두뇌가 틀에 박힌 사고방식에서 벗어나도록 도와주기 때문이다. 그러나 학교 교육의 후반기에도 대부분의 학습은 단순한 지식의 습득이나 객관적인 정답을 맞히는 논리 추론 문제에 집중되어 있다. 잠깐 이런 틀을 벗어나, 다음에 나올 몇 가지 문제를 통해 잠시나마 새로운 길을 가보자.

점수

펜을 들고, 최근에 다른 사람과 관련되어 일어났던 일을 떠올려보자. 그 사람의 관점에서 그 기억을 다시 적어보고, 그 순간 그 사람이 했을 만한 생각을 덧붙여보자.

▶ 그 사람은 왜 그렇게 행동했을까?

_____

_____

_____

▶ 그 사람의 목적은 무엇인가?

_____

_____

_____

▶ 그때 그 사람은 나에 대해 어떻게 생각했을까? 왜 그렇게 생각했을까?

_____

_____

_____

점수

중세 시대나 로마 시대의 어떤 사람이 현재로 시간 여행을 왔다면, 지금 우리의 발명품과 생활 방식을 어떻게 묘사할지 상상해보자. 가능한 한 많이 써보자.

▶ 무엇이 그 사람을 놀라게 할까?

_____

_____

_____

_____

▶ 그 사람이 우스꽝스럽다고 생각할 만한 것은 무엇일까?

_____

_____

_____

_____

▶ 그 사람이 지닌 도덕이나 가치관과 어긋나는 것은 무엇일까?

_____

_____

_____

_____

▶ 그 사람은 현재의 세상을 모르는 자기 시대의 사람에게 지금 우리의 세상을 어떻게 설명
할까?

_____

_____

_____

_____

시각적 창의력을 발휘해 새로운 이동 수단을 디자인해보자. 어떤 이동 방법이든 상관없다.

덧붙이는 말

'3.18 시간 여행자' 같은 문제를 푸는 것이 쓸데없고 무의미한 일처럼 보일 수도 있겠지만, 사실 이런 문제는 꽤 유익하다. 이유는 다음과 같다.

▶ 이제는 잘 알다시피 신선한 경험은 두뇌에 자극을 주어 뇌세포 사이에 새로운 연결을 형성한다.

▶ 참신한 생각을 더 많이 더 능숙하게 내놓을 수 있게 된다.

▶ 수동적으로 정보를 받아들이는 데 그치지 않고, 좀 더 적극적으로 인지 과정에 참여하게 된다. 즉 열심히 생각하는 사람이 된다.

▶ (이전 장에서 설명했듯) 자신에게 덜 비판적인 태도를 취하게 된다.

▶ 희망 사항이긴 하지만, 문제를 푸는 과정 자체가 재미있다.

습관을 따르지 않는 버릇을 들이는 것은 상당히 힘들다. 한편, 이 말이 모순적으로 느껴질지도 모르겠다. 하지만 이 말은 새로운 것을 시도하는 행동을 더 편안하게 느끼며 선입견에 도전해야 한다는 뜻이다. 두뇌가 다양한 경험을 할 기회를 가지면 당연하게도 더 많은 정보를 얻게 되고, 그 결과 새로운 아이디어를 생각해내고 복잡한 문제를 해결할 가능성도 커진다.

마지막으로 복잡한 문제를 해결하기 위해 가장 좋은 방법은 발산적 사고divergent thinking와 수렴적 사고convergent thinking를 종합해서 활용하는 것이다. 발산적 사고란 창의력을 발휘해 새로운 아이디어를 생산해내는 사고방식이며, 수렴적 사고란 논리적 추론을 통해 그 새로운 아이디어를 비판적으로 평가하는 사고방식이다. 논리적으로 생각하되, 선입견에서 빠져나와 색다른 아이디어를 놓치지 않도록 하자. 이 책에서 이런 종류의 사고방식을 열심히 연습해 앞으로 실제 생활에서도 이런 사고방식을 가지고 더 자유롭게 살아가기를 바란다.

점수

충분한 시간을 들여, 집에서 찾을 수 있는 다음의 장소를 순서대로 외워보자. 다 외웠다고 생각되면 다음 페이지로 가 질문에 답해보자. 방 자체의 이름보다는 나열된 순서를 기억할 필요가 있다.

❶ 부엌

❷ 공부방

❸ 가족실

❹ 욕실

❺ 거실

❻ 지하실

❼ 보일러실

❽ 차고

❾ 침실

❿ 서재

⓫ 아기방

⓬ 옷방

⓭ 현관

⓮ 복도

⓯ 다락

⓰ 식품 저장실

⓱ 전실

⓲ 작업실

아래에는 앞 페이지에서 나온 장소의 목록이 가나다순으로 적혀 있다. 앞 페이지에 나온 순서대로 번호를 매길 수 있을까?

___ **가족실**

___ **거실**

___ **공부방**

___ **다락**

___ **보일러실**

___ **복도**

___ **부엌**

___ **서재**

___ **식품 저장실**

___ **아기방**

___ **옷방**

___ **욕실**

___ **작업실**

___ **전실**

___ **지하실**

___ **차고**

___ **침실**

___ **현관**

점수

같은 모양을 서로 연결하는 직선을 그려보자. 한 칸에는 하나의 선만 지나가야 하며, 서로 만나서는 안 된다. 수직선 또는 수평선만 가능하다.

아래 왼쪽의 그림을 점선을 따라 반으로 접었을 때, 나올 수 있는 이미지는 A, B, C, D 중 어느 것인가? 그림이 그려진 종이는 투명하다고 가정한다.

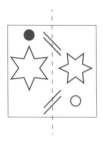
A
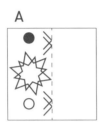
B
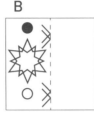
C
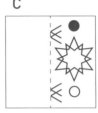
D
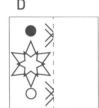

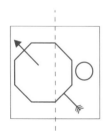
A
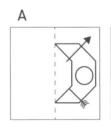
B
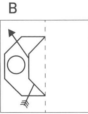
C
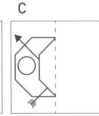
D
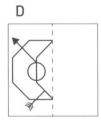

다음 그림에서 크기에 상관없이 모두 몇 개의 사각형을 찾아낼 수 있는가? 생각보다 많다는 사실에 주의하며 꼼꼼하게 세어보자. 제일 바깥을 감싸고 있는 사각형도 빠뜨리지 말자.

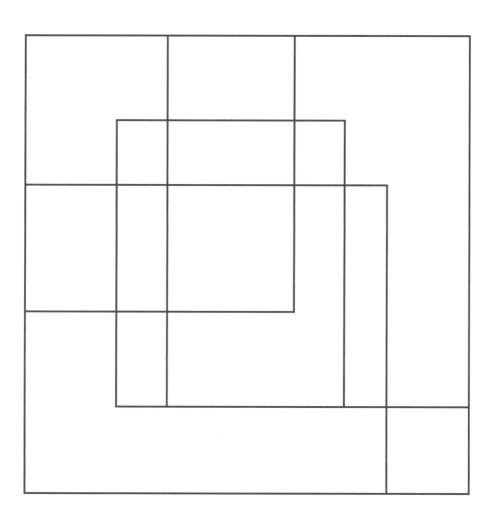

점수

먼저 오른쪽 페이지를 가리고, 2분 동안 아래에 나온 얼굴과 이름을 외워보자. 이름과 그 사람의 얼굴을 다 외웠다면, 이 페이지를 보지 않고 옆 페이지에 나올 질문에 답해보자.

메건   데이브   리타

잭   엘리자베스   올리버

알리   포이베   팀

왼쪽 페이지의 얼굴 중 3명을 뺀 나머지 사람의 얼굴이 아래에 나와 있다. 먼저 얼굴 아래의 빈칸에 맞는 이름을 적어보자. 다 적었다면 이제 그림에서 빠진 3명의 이름도 비어 있는 맨 아래 칸에 써넣을 수 있는가?

STEP
4

마무리
운동

마무리 운동

격렬하게 몸을 움직이는 운동을 한 다음에
는 몸을 회복시켜주는 스트레칭과 마무리
운동을 꼭 해야 한다. 마찬가지로 두뇌 운동
도 쉬운 문제를 푸는 것으로 끝을 마치면 좋
다. 이는 때때로 어려운 문제를 만나거나 진
전이 별로 없어 보일 때 느끼는 실망이나 긴
장을 가라앉히기 위해서이다. STEP 4의 가
벼운 문제는 우리가 탄탄한 기본 인지 능력
을 갖추고 있다는 사실을 다시 한번 일깨워
자신감을 불어넣어 줄 것이다.

스스로 점검하기

마무리 운동을 하며 어떤 문제가 가장 어려웠는지 생각해보는 기회를 가져볼 수 있다. 쉬운 문제와 어려운 문제는 각각 어떤 종류인가? 스스로가 자랑스러웠던 문제와 다음에 도전하고 싶은 문제를 메모해두면, 나중의 연습을 위한 문제를 선택하고 동기를 부여하는 데 도움이 된다. 게다가 앞으로 더 연습하고 싶은 전략이 무엇인지 알아내는 데도 도움이 된다. 뒤에 실린 '진행 상황 메모'를 이용해도 좋다.

앞서 우리는 다양한 종류의 문제를 만났다. 그리고 마무리 운동으로 두뇌 훈련을 마치는 게 이롭다는 사실도 알고 있다. 이제 이 장에서는 새로운 문제 풀기 전략이나 더 많은 건강 조언을 소개하는 대신, 우연히 신경과학자로 하여금 뇌의 신비를 발견하도록 이끈 사람들의 놀라운 이야기를 들려주겠다.

보이지 않는 뇌의 세계

우리는 종종 객관적으로 사실을 나열한 문장보다는 재미있는 이야기를 통해서 더 많은 것을 배운다. 몇몇 환자들의 이야기는 슬프면서도 아주 흥미롭다. 그리고 우리의 뇌는 감정적인 내용을 담은 정보를 더 잘 기억하는 편이기에, 그들의 이야기는 뇌에 관한 지식을 효과적으로 전달하는 수단으로도 삼을 수 있다. 건강하고 살아 있는 사람의 뇌를 검사하는 뇌 스캐너가 등장하기 전까지 뇌의 특정 영역이 어떤 기능을 담당하는지 알아내는 유일한 방법은 질병이나 사고 때문에 뇌의 일부가 손상된 불행한 환자들을 관찰하는 것이었다. 뇌에 상처를 입은 이런 환자들이 겪은 어려움과 고통 덕분에 인지신경과학은 크게 발전할 수 있었다. 머리 뒤쪽에 위치한 뇌 영역은 눈으로부터 들어온 시각 정보를 가장 먼저 받아들이는 장소이다. 여기서 받아들인 정보를 가지고 뇌의 다른 영역들이 사물의 정체성에 대한 정보를 처리한다. 어떤 영역은 이 사물의 공간 정보를 처리하고, 어떤 영역은 마지막으로 이런 모든 정보를 종합한다. 뇌에서 이런 시각 정보 처리를 담당하는 특정 영역이 손상되면, 환자에게서 이상한 행동 패턴이 관찰된다. 예를 들어, D. F라는 한 환자는 물체를 인식하는 처리 체계가 일부 손상되어 공은 잡을 수 있었지만, 사과 그림을 보고 과일의 이름을 말하거나 그림을 따라 그릴 수는 없었다.

과학자들이 '맹시blindsight'라고 부르는 현상은 더욱 놀랍다. 초기 시각 뇌 영역이 손상된 환자는 눈앞에 물체가 있어도 인식하지 못한다. 즉 눈은 물체를 보지만 뇌는 인식하지 못하는 실명 상태, 즉 맹시를 겪게 된다. 남들 앞에서 아는 체하고 싶다면 이런 상태를 뜻하는 의학 용어인 '시각 인식 불능증agnosopsia'이라는 단어를 기억해 두자. 이 말은 자신이 보는 것을 알아채거나 인식하지 못하는 것을 의미한다. 시각 인식 장애를 가진 환자에게 사과를 들어 보이며 그 물체가 무엇인지 물어보면, 환자는 사과의 이름을 말하기는커녕 물체를 들고 있다는 사실조차 인지하지 못한다. 그럼에도 많은 환자가 여전히 눈을 움직여 그 물체를 응시하거나 심지어 손으로 가리킬 수도 있다. 이와 같은 놀라운 의학적 사례를 통해, 우리는 의식적으로 인지하지 못하는 정보라도 우리의 행동을 끌어낼 수 있다는 사실을 알 수 있다. 또한 인간 의식의 본질이란 과연 무엇인가 하는 흥미로운 질문을 던지게 되는데, 신경과학자들은 아직 이 질문에 대한 답을 찾지 못했다.

왼쪽의 3D 물체를 위에서 내려다보았을 때, 알맞은 그림은 보기 A, B, C, D 중 무엇인가?

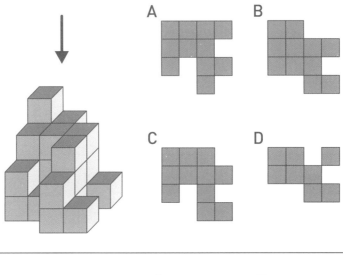

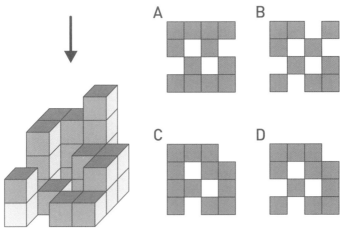

표시된 점선에 거울처럼 각 이미지가 비친다고 상상해보자. 알맞은 이미지는 보기 A, B, C, D 중 어느 것일까? 비율의 변화는 무시하자.

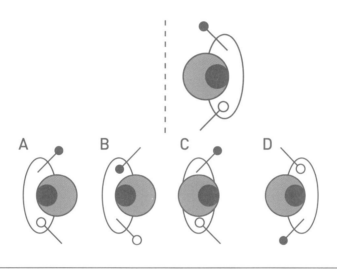

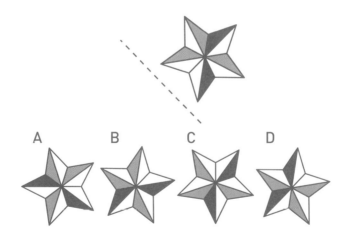

같은 모양을 서로 연결하는 직선을 그려보자. 한 칸에는 하나의 선만 지나가야 하며, 서로 만나서는 안 된다. 수직선 또는 수평선만 가능하다.

가로선과 세로선을 그려 모든 점을 하나로 연결해보자. 선을 그릴 때는 주어진 점을 모두 정확히 한 번만 지나야 하며, 선끼리 만나서는 안 된다.

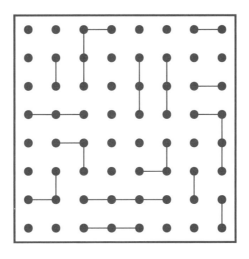

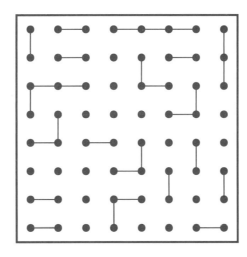

아래의 예시처럼 색종이를 접어 그려진 모양대로 구멍을 뚫는다고 상상해보자. 펼쳤을 때 나타나는 모습은 보기 A, B, C, D 중 어느 것인가?

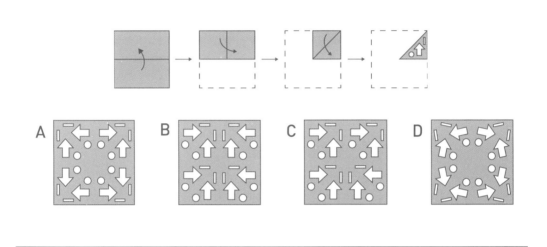

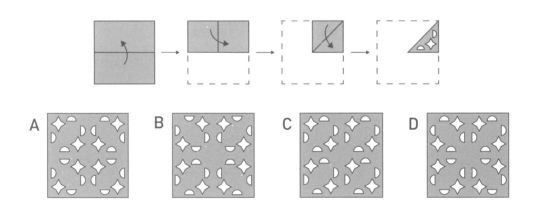

현재에 사로잡힌 사람들

가장 유명한 뇌 손상 환자로는 헨리 몰레이슨Henry Molaison이 있다. 그는 약이 듣지 않는 간질을 치료하기 위해 뇌의 해마를 제거했다. 이곳은 개인적 경험과 새로운 지식의 장기 기억을 형성하는 데 필요한 뇌 영역인 것으로 훗날 밝혀졌다. 헨리는 선행성 기억상실증anterograde amnesia 환자의 가장 대표적인 사례로, 수술 후 새로 접하는 정보를 기억하지 못했고 수술 전 몇 년의 기억 또한 잊어버렸다. 그러나 언어 능력과 더 오래전 습득한 지식에 대한 기억은 남아 있었다. 새로운 사실을 배우는 능력은 거의 대부분 사라졌지만 운동 기술만은 새롭게 익힐 수 있었으며, 지능 또한 평균 이상을 유지했다.

헨리 몰레이슨보다 더 비극적인 사례로는 클라이브 웨어링Clive Wearing이라는 음악가가 있다. 클라이브는 헤르페스 바이러스에 감염되어 헨리가 수술로 제거한 뇌 영역과 같은 곳에 심한 손상을 입었다. 그는 헨리처럼 새로운 기억이 형성되지 않는 선행성 기억상실증뿐만 아니라, 감염 이전의 기억을 대부분 잊어버리는 역행성 기억상실증retrograde amnesia 또한 겪게 되었다.

클라이브는 '30초 클라이브'라고 불리며 계속해서 혼수상태에서 막 깨어난 듯한

느낌 속에 사로잡힌 채, 장기 기억으로 저장되지 않는 단기 기억 정보에만 의지해 살아갔다. 경험과 지식을 장기적으로 보관하는 뇌의 영역과 단기 기억 저장 영역의 연결이 사실상 끊어져 있었다. 그러나 그는 자기 자식들의 이름은 잊어버렸지만, 아내를 향해 느끼는 사랑은 여전히 기억하고 있었기에 아내를 볼 때마다 아주 기뻐하며 맞이했다. 심지어 아주 잠깐 떨어져 있었을 때도 마찬가지였다. 그는 곡의 제목이나 작곡가는 기억하지 못했지만 복잡한 곡을 연주하는 능력과 새로운 운동 기술을 배우는 능력은 여전히 지니고 있었다.

기억이 손상되었으나 운동 능력은 유지한 이들이 보여준 놀라운 이야기를 통해, 우리는 사실적인 정보와 운동 기술을 다루는 뇌 영역이 서로 다르며, 새로운 기억과 오래된 기억은 뇌의 서로 다른 영역에 저장된다는 사실 또한 알 수 있다.

4.6 보석 이름 외우기

이 페이지의 아래쪽을 가리고, 몇 분 동안 다음의 보석 이름을 외워보자. 다 외웠으면 목록을 덮고 아래의 질문에 답해보자.

루비	문스톤
젬스톤	진주
사파이어	오팔
페리도트	에메랄드
오닉스	토파즈
흑옥	산호

답하기

지금 보석 목록을 다시 작성할 수 있는가? 기억을 돕기 위해 보석의 마지막 글자를 미리 적어두었다. 보석들은 원래 명단과 역순으로 적혀 있다.

_____	호	_____	옥
_____	즈	_____	스
_____	드	_____	트
_____	팔	_____	어
_____	주	_____	톤
_____	톤	_____	비

왼쪽의 격자무늬를 살펴본 후, 손으로 가리고 오른쪽의 빈 사각형에 패턴을 똑같이 그려보자. 첫 번째 격자무늬를 완성하면, 두 번째와 세 번째의 격자무늬에도 도전해 보자.

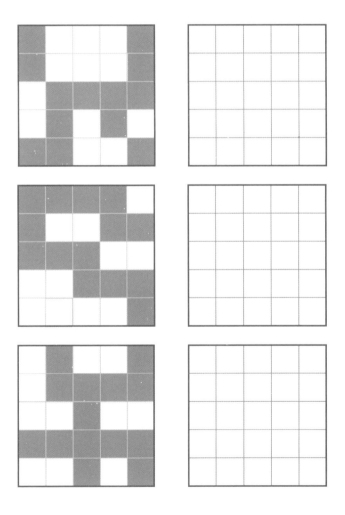

점수

초성만 보고 과일의 이름을 알아낼 수 있는가? 모든 과일의 이름은 한 단어이다.

ㄷㅊㅇㅈ

ㅂㄹㅂㄹ

ㅍㅇㅇㅍ

ㅂㅅㅇ

ㄷㄹㅇ

ㅊㅇ

ㅅㄱ

ㅂㄴㄴ

ㅅㅂ

점수

먼저 이 페이지의 아래쪽을 가리고, 몇 분 동안 다음의 악기 이름을 외워보자. 다 외웠으면 악기 목록을 가리고 아래의 질문에 답해보자.

기타	실로폰	하프
벤조	만돌린	나팔
하모니카	오보에	콘트라베이스
색소폰	튜바	피아노
팀파니	바이올린	

답하기

이제 외운 악기의 이름을 쓸 수 있는가? 기억을 돕기 위해 각 이름의 첫 번째 글자는 미리 쓰여 있다. 순서는 원래 목록의 순서와 상관없다.

나 _____	하 _____	색 _____
콘 _____	만 _____	팀 _____
실 _____	오 _____	튜 _____
기 _____	피 _____	바 _____
하 _____	벤 _____	

아래 이야기를 읽기 전에, 먼저 뒤 페이지를 전부 가리자. 루이자 메이 올콧Louisa May Alcott의 소설《작은 아씨들Little Women》에서 발췌한 아래 이야기를 한두 번 읽은 후, 다음 페이지로 넘어가자.

"근사한 선물 하나 없는 크리스마스가 무슨 크리스마스야."

양탄자 위에 드러누운 조가 투덜거렸다.

"가난한 건 정말 끔찍해!"

메그가 자신의 낡은 드레스를 내려다보며 한숨을 쉬었다.

"어떤 여자애들은 예쁜 물건을 잔뜩 가졌는데, 나는 하나도 없다니 정말 불공평하다고 생각해."

막내 에이미가 코를 훌쩍거리며 상처받은 목소리로 한마디 거들었다.

"우리한테는 아버지와 어머니가 있고, 또 서로가 있잖아."

구석에 앉은 베스가 부드러운 말투로 대꾸했다.

벽난로 불빛이 어른거리는 네 자매의 얼굴이 베스의 긍정적인 말에 확 밝아졌다. 그러나 조가 서글프게 "지금 우리 곁에는 아버지가 안 계시잖아. 그리고 앞으로도 오랫동안 못 만날 텐데"라고 말하자 그들의 얼굴이 다시 어두워졌다. 조는 '어쩌면 영영'이라는 말을 하지 않았지만, 자매들은 저 멀리 전쟁터에 계신 아버지를 생각하며 속으로 조용히 그 말을 떠올렸다.

이제 앞 페이지를 가리자. 아래의 이야기는 방금 읽은 원래 이야기와 비슷하지만 다른 부분이 있다. 바뀐 10개의 단어를 찾아낼 수 있는가?

"괜찮은 선물 하나 없는 크리스마스가 무슨 크리스마스야."

카펫 위에 드러누운 조가 투덜거렸다.

"가난한 건 정말 지긋지긋해!"

메그가 자신의 낡은 치마를 내려다보며 한숨을 쉬었다.

"어떤 여자애들은 좋은 물건을 잔뜩 가졌는데, 나는 하나도 없다니 정말 불공평하다고 생각해."

막내 에이미가 코를 훌쩍거리며 우울한 목소리로 한마디 거들었다.

"우리한테는 아버지와 어머니가 있고, 또 서로가 있잖아."

구석에 앉은 베스가 다정한 말투로 대꾸했다.

벽난로 불빛이 어른거리는 네 소녀의 얼굴이 베스의 긍정적인 말에 확 밝아졌다. 그러나 조가 서글프게 "지금 우리 곁에는 아버지가 안 계시잖아. 그리고 앞으로도 오랫동안 못 만날 텐데"라고 말하자 그들의 얼굴이 다시 침울해졌다. 조는 '어쩌면 영영'이라는 말을 하지 않았지만, 자매들은 저 멀리 싸움터에 계신 아버지를 생각하며 속으로 조용히 그 말을 떠올렸다.

이 페이지의 아래쪽을 가리고, 다음 6개의 비밀번호를 1분 동안 외워보자. 1분 후에는 아래의 질문에 답해보자.

> **현금카드 비밀번호:** 1290
>
> **이메일 비밀번호:** Mail44
>
> **컴퓨터 로그인 비밀번호:** 8ㅏ 드드라2브
>
> **WiFi 비밀번호:** ㅈ1ㅂ5ㄴ라1ㄴ
>
> **음성 메일 비밀번호:** 101012
>
> **가족 공유파일 비밀번호:** 가족사진2022

답하기

이제 이 페이지의 윗부분을 가리자. 아래 각 항목에 기억나는 비밀번호를 써넣어보자. 순서는 원래 순서와 다르다.

> **음성 메일 비밀번호:**
>
> **컴퓨터 로그인 비밀번호:**
>
> **이메일 비밀번호:**
>
> **WiFi 비밀번호:**
>
> **현금카드 비밀번호:**
>
> **가족 공유파일 비밀번호:**

미래를 향해

뇌의 해마가 손상된 환자가 잃어버린 것은 단지 기억과 학습 능력만이 아니다. 최근 연구에 의하면, 해마의 손상으로 인한 기억상실증 환자는 창의적으로 생각하거나 미래에 일어날 일을 예측하는 일에서도 어려움을 겪는 것으로 알려졌다. 왜 그럴까? 창의적으로 생각하기 위해서는 가지고 있는 지식과 경험을 재빠르게 조합해 새로운 상황을 상상하는 능력이 필요하다. 이 과정에서 우리는 머릿속에 저장된 정보 중에 도움이 될 만한 것을 찾아내 사용한다. 그러나 책을 찾아주는 사서와 같은 해마가 제 기능을 하지 못한다면, 사용할 수 있는 정보를 거의 찾을 수 없을 것이다. 이 책에서 상상력을 키울 수 있는 새로운 경험을 권하는 이유도 바로 여기에 있다. 불행히도 해마에 심각한 손상을 입은 환자들은 대부분 과거의 기억을 떠올리거나 미래를 상상하기가 매우 힘들 뿐 아니라 때로는 불가능하다. 이 환자들은 말 그대로 현재에 갇혀 있다.

어쩌면 당신도 창의력 과제나 기억력 과제에서 마음속으로 이미지를 떠올리는 일이 어렵거나 불가능했을지도 모르겠다. 그러나 걱정할 필요는 없다! 해마가 손상되어서 그랬던 것은 아니니 말이다. 머릿속에 이미지를 전혀 떠올리지 못했다면, 어떤 종류의 내적 이미지도 생성할 수 없는 아판타시아aphantasia 증상일 수 있다.

선천적인 아판타시아 환자들은 대다수가 이런 능력이 부족하다는 사실조차 모른 채 아무 문제 없이 정상적인 삶을 살아간다. 이들은 이미지를 단어로 바꿔 기억한다. 즉 시각 정보를 기억하는 다른 수단을 개발해낸다. 이렇듯 여러 인지 도구를 융통성 있게 사용해 언어 기억과 시각 기억을 결합하는 전략 같은 다양한 전략을 구사하는 뇌를 보면, 뇌가 얼마나 역동적이고 유연한지 다시 한번 알 수 있다.

자, 이제 다시 창의적인 문제에 도전할 시간이다.

점수

아래에 나온 물건의 특이한 쓰임새를 몇 가지나 생각해낼 수 있는가? 생각나는 대로 많이 적어보자. 가능하면 '일반적이고 평범한' 용도에 해당하는 대답은 피하도록 한다.

낚시 그물

곡선형 문손잡이

전두엽의 기능

수십 년 동안 과학자들은 뇌의 전두엽(이마의 바로 뒤에 위치한 곳)이 '인지적으로 쓸모없다'고 믿었는데, 이 영역의 조직이 손상되거나 제거되어도 그 사람의 정신 능력이 크게 쇠퇴하지 않았기 때문이다. 그러나 시간이 흐르며 전두엽이 손상된 환자들은 행동이 예전과 달라졌고, 심지어 성격까지 변하는 모습을 확실히 보여주었다.

그중 가장 유명한 사례는 피니어스 게이지Phineas Gage의 경우이다. 1848년, 철도 노동자인 게이지는 공사 중 폭발로 인해 인생이 뒤집히는 큰 사고를 당했다. 길이 약 109cm에 지름 약 3cm의 철 막대기가 그의 두개골을 뚫어 전두엽을 손상시켰다. 놀랍게도 게이지는 사고 직후에 일어나 정상적으로 걸을 수 있었다. 게다가 그를 진찰한 의사조차 인지 기능이나 행동에 있어 어떠한 이상 징후도 발견하지 못했다. 하지만 뇌 손상 이후 게이지는 눈에 띄게 충동적인 성격으로 변해버렸다. 계획을 세웠다가도 금세 포기했고, 사회적으로 부적절한 행동을 하는 일이 늘어났다. 그 결과, 사고 전에는 훌륭한 직원이었지만, 사고 후에는 더 이상 그 직업을 지킬 수 없었다.

피니어스 게이지와 비슷한 부상을 입은 다른 많은 환자의 사례를 통해, 신경과학자들은 전두엽이 뇌의 실행 기능에 결정적인 역할을 한다는 사실을 알게 되었다. 이 책에서 실행 기능을 '설계자'라고 언급한 이유는 주의 집중, 기억, 계획, 의사 결정, 문제 해결, 충동 조절 등과 같은 일련의 실행 기능이 목표를 달성하기 위한 행동을 계획하고 실천하는 데 관여하기 때문이다. 동시에 전두엽은 나쁜 행동이나 습관을 조절하고, 필요한 행동을 학습해 새로운 문제에 대처하는 데도 도움을 준다. 작업 기억 기능도 전두엽이 다른 뇌 영역과 긴밀하게 주고받는 신경 신호의 영향을 받는다. 까다로운 논리 추론 문제를 풀기 위해 집중력을 유지하려면, 전두엽은 정신이 흐트러지는 것을 막는 동시에 다 포기하고 소파에 앉아 텔레비전이나 보며 쉬고 싶은 충동 또한 물리쳐야 한다. 이제 게이지가 왜 자신의 부적절한 행동을 억제하지 못하고 계획을 꾸준히 실천하지 못했는지, 그 이유가 짐작될 것이다.

다음 사각형 안의 점선을 따라 2칸씩 짝을 지어 00부터 66까지 완전한 도미노 세트 28개를 그려보자. 각 도미노는 정확히 1개씩만 있으므로, 아래의 도미노 그림과 체크하며 비교해보면 좋다.

2	5	1	6	3	6	4	4
2	6	6	3	5	6	2	1
0	3	2	3	0	6	2	0
4	4	5	2	1	0	3	4
5	3	1	1	0	1	4	1
2	0	4	3	3	5	6	5
2	6	5	5	1	4	0	0

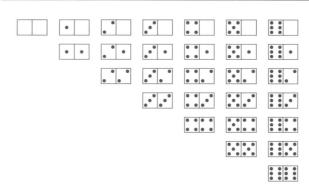

왼쪽 4개의 그림을 설명하는 데 사용된 암호가 무슨 뜻인지 찾아내어 물음표 자리에 들어갈 알맞은 암호를 보기 a, b, c, d 중에서 골라보자.

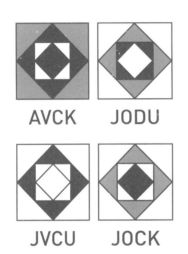

AVCK   JODU

JVCU   JOCK

?

a. JVDU   b. AVCU

c. AVDU   d. AOCK

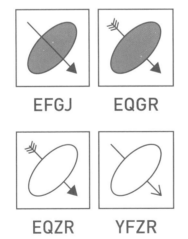

EFGJ   EQGR

EQZR   YFZR

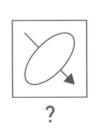

?

a. YQZR   b. YFGR

c. YQGJ   d. EFZR

점수

빈칸에 1에서 9까지의 숫자를 넣어 스도쿠를 완성해보자. 가로줄과 세로줄, 굵은 테두리의 3×3 정사각형 안에는 모든 숫자가 단 한 번씩만 들어가야 한다.

5								
	8	7	5				1	
	3			6	4			
8								6
		4	3		5	2		
9								3
				5	3		4	
	6				1	7	2	
								8

해피엔딩

불쌍한 피니어스 게이지는 결국 어떻게 되었을까? 사고가 일어나고 몇 년 후의 보고서를 보면, 그가 남아 있는 전두엽 부위를 이용해 자신의 새로운 상황에 서서히 적응한 것을 알 수 있다. 심지어 그 후로 오랫동안 꾸준히 일도 계속할 수 있었다. 게이지의 이야기는 뇌의 놀라운 재활과 회복 능력을 보여준다.

이 책을 통해 몰랐던 사실을 배우고 기존의 생각에 변화가 있었기를 바란다. 또 퍼즐을 더 잘 풀기 위한 새로운 전략을 연습함으로써 뇌를 재구성하는 데 도움이 되었기를 바란다.

여기까지 온 당신의 체력과 의지력에 축하를 보낸다! 이제 여세를 몰아 여기서 배운 것을 일상생활에 적용하는 일은 당신의 마음에 달려 있다.

이 책에서 소개한 다양한 요령과 비법을 책에서만이 아니라 실제 생활에서도 적용해보자. 그렇게 하면 이제껏 쏟은 힘든 노력의 유익한 결과를 앞으로도 계속 누릴 수 있게 될 것이다. 여러분의 뇌가 고마워할 것이다.

다음 사각형 안에는 어떤 규칙으로 이어지는 8단계의 그림이 '뒤죽박죽된 순서'로 들어가 있다. 비어 있는 사각형 안에 알맞은 그림을 그려보자.

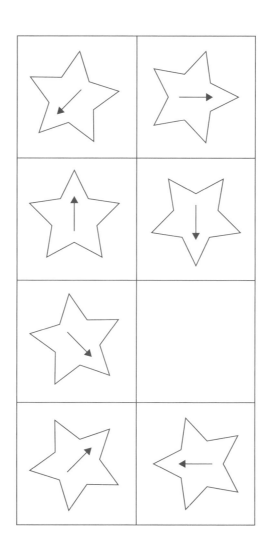

다음 그림에서 크기에 상관없이 모두 몇 개의 사각형을 찾아낼 수 있는가? 생각보다 많다는 사실에 주의하며 꼼꼼하게 세어보자. 제일 바깥을 감싸고 있는 사각형도 빠뜨리지 말자!

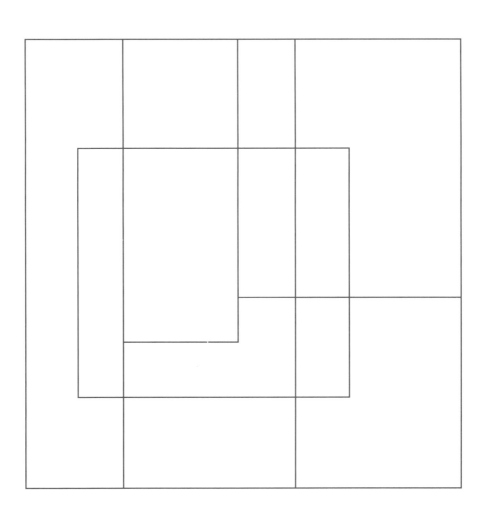

해답

1.2 국가 이름 맞히기

▶ 페루

▶ 통가

▶ 이스라엘

▶ 알제리

▶ 노르웨이

▶ 에콰도르

▶ 포르투갈

▶ 아르헨티나

▶ 카메룬

▶ 스위스

1.3 스도쿠 6×6

6	3	1	2	4	5
2	5	4	6	3	1
5	1	6	3	2	4
3	4	2	5	1	6
1	6	3	4	5	2
4	2	5	1	6	3

3	5	4	6	2	1
6	2	1	5	4	3
4	3	5	1	6	2
2	1	6	3	5	4
1	6	2	4	3	5
5	4	3	2	1	6

1.4 도미노

2	0	4	4	0	4
3	2	1	3	0	2
2	4	1	3	2	2
0	0	3	1	4	0
3	1	4	1	1	3

3	3	2	4	2	2
3	3	1	4	0	0
1	1	2	4	1	4
1	3	0	0	1	4
0	4	2	3	2	0

1.5 여행 경로

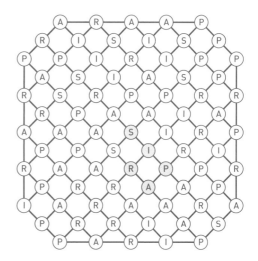

181

1.6 외톨이 찾기

▶ E. 이 그림만 5개가 아닌 6개의 타원으로 구성되어 있다.

▶ D. 색이 반반 칠해진 화살표가 다른 보기와 달리 좌우의 색이 반대이다(화살표 방향 기준).

1.7 거울상 고르기

▶ C

▶ D

1.8 같은 모양 연결하기

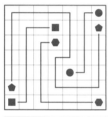

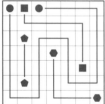

1.9 위에서 내려다보기

▶ C

▶ A

1.11 블록 쌓기

▶ D

▶ C

1.12 접어서 구멍 뚫기

▶ B

▶ A

1.13 비밀번호 외우기

▶ ❶ 3971

▶ ❷ diamond

▶ ❸ office

▶ ❹ 1

▶ ❺ 24

▶ ❻ 은행 현금카드 비밀번호

1.15 동화 기억하기

바뀐 단어는 다음과 같다.

▶ 나라 → 국가

▶ 요정 → 정령

▶ 좋은 → 웃기는

▶ 오래 → 20년

▶ 슬퍼하고 → 괴로워하고

▶ 헐떡이며 → 히히 웃으며

▶ 작은 → 익살스러운

▶ 강물 → 폭포

▶ 딸→아들

▶ 여자→남자

1.19 숫자 피라미드

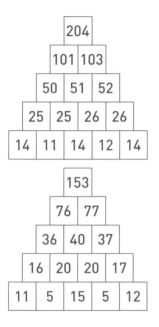

1.21 빠진 그림 그리기

각 단계마다 1조각이 추가되며 이미지가 90도 회전한다.

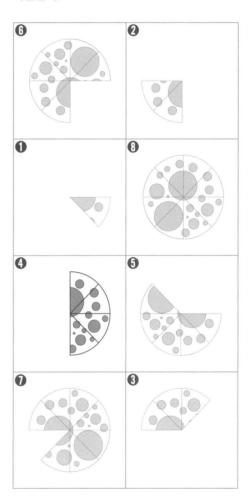

2.3 같은 모양 연결하기

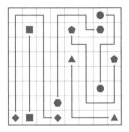

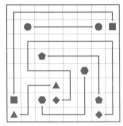

2.4 울타리 치기

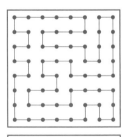

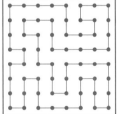

2.5 숨은 이미지 찾기

▶ C

▶ B

2.6 투명 종이접기

▶ B

▶ D

2.7 가수 이름 찾기

▶ MADONNA(마돈나)

▶ ELVIS PRESLEY(엘비스 프레슬리)

▶ STEVIE WONDER(스티비 원더)

▶ ELTON JOHN(엘튼 존)

▶ ED SHEERAN(에드 시런)

▶ TAYLOR SWIFT(테일러 스위프트)

▶ DOLLY PARTON(돌리 파튼)

▶ PAUL MCCARTNEY(폴 매카트니)

2.8 주홍색 연구

바뀐 단어는 다음과 같다.

▶ 어려운 → 힘든

▶ 규칙적인 → 뻔한

▶ 아침 → 밥

▶ 화학 → 생물학

▶ 도시 → 수도

▶ 발작 → 발광

▶ 응접실 → 거실

▶ 공허한 → 허무한

2.9 셰익스피어 작품 맞히기

▶ 뜻대로 하세요

▶ 헛소동

▶ 한여름 밤의 꿈

▶ 두 귀족 친척

▶ 말괄량이 길들이기

▶ 베로나의 두 신사

▶ 끝이 좋으면 다 좋다

▶ 윈저의 즐거운 아낙네들

2.15 스도쿠

4	1	2	7	6	8	3	9	5
9	7	5	3	2	1	6	8	4
6	3	8	5	9	4	1	2	7
5	4	7	8	3	9	2	6	1
8	6	1	2	4	7	9	5	3
2	9	3	6	1	5	4	7	8
7	2	9	4	8	3	5	1	6
1	5	4	9	7	6	8	3	2
3	8	6	1	5	2	7	4	9

2.16 숫자 피라미드

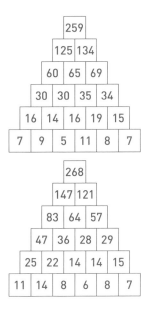

2.17 암호 풀기

▶ c. ZRP

　F = 위로 향한 화살표

　Z = 아래로 향한 화살표

　Q = 연한 색 큰 별

　R = 진한 색 큰 별

　M = 흰색 큰 별

　K = 위쪽 오른편의 작은 별

　P = 아래쪽 왼편의 작은 별

▶ b. RQX

　W = 위가 뾰족한 육각형

　R = 위가 평평한 육각형

　L = 뒤에 깔린 연한 색 삼각형

Q = 앞에 놓인 연한 색 삼각형

X = 흰색 배경

H = 진한 색 배경

2.18 연결 그림 완성하기

▶ D. 왼쪽에서 오른쪽으로 진행되며, 원은 고정된 상태로 사각형의 변이 시계방향으로 돌고, 방향이 바뀔 때마다 막대기가 하나씩 추가된다.

▶ A. 왼쪽에서 오른쪽으로 진행되며, 그림이 좌우로 반전되고, 반전될 때마다 새로운 도형이 추가된다.

2.19 빈칸 채우기

▶ A. 가로줄에서는 칸마다 다른 색깔의 사각형이 배치되며, 오른쪽으로 한 칸씩 이동할 때마다 45도씩 회전한다. 가운데 열에서는 뒤편에 두 번째 사각형이 추가되며, 세 번째 열에서는 두 사각형의 색깔과 모양이 서로 바뀐다. 가로줄과 세로줄에는 흰색, 연한 색, 진한 색의 작은 사각형이 정확히 한 번씩만 나타난다.

▶ C. 화살표는 원이 하나 더 나타나는 다음 칸을 가리킨다. 원은 화살표 주위에 무작위로 배치되어 있다.(단, 한 번 갔던 칸을 또 가리킨 경우는 그 칸을 건너뛴다.)

2.22 블록 세기

▶ 44개

▶ 35개

2.23 빠진 그림 그리기

가장 진한 색 사각형이 뱀처럼 한 칸씩 전진하며 희미한 흔적을 남긴다. 전체 이미지는 단계가 넘어갈 때마다 수직으로 좌우가 뒤집힌다.

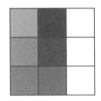

3.2 올림픽 경기 이름 대기

▶ 루지

▶ 바이애슬론

▶ 배드민턴

▶ 육상 경기

▶ 스켈레톤

▶ 조정

▶ 승마

▶ 스노보드

▶ 스케이트보드

3.3 이야기 외우기

▶ ❶ 5월 3일

▶ ❷ 오후 8시 35분

▶ ❸ 한 시간

▶ ❹ 다뉴브강

▶ ❺ 로열 호텔

▶ ❻ 미나

▶ ❼ 카르파티아산맥

▶ ❽ 독일어

3.5 외톨이 찾기

▶ C. 다른 보기의 별처럼 동그라미 6개가 겹치지 않았다.

▶ B. 다른 보기와 달리 색칠된 도형이 사각형이 아니라 오각형이며, 투명한 도형은 오각형이 아니라 사각형이다.

3.6 제곱해서 정사각형 찾기

▶ 14개(1×1 사각형 9개, 2×2 사각형 4개, 3×3 사각형 1개)

▶ 30개(1×1 사각형 16개, 2×2 사각형 9개, 3×3 사각형 4개, 4×4 사각형 1개)

▶ 55개(1×1 사각형 25개, 2×2 사각형 16개, 3×3 사각형 9개, 4×4 사각형 4개, 5×5 사각형 1개)

▶ 모든 정사각형 개수는 $1^2 + 2^2 + \cdots + x^2$이다. (x는 각 행이나 열의 정사각형의 개수이다.) 이 문제의 의도는 다음과 같은 수식을 유도하려는 것은 아니지만, 수학적으로는 다음 수식이 도출된다.

$$\{x(x+1)(2x+1)\} \div 6$$

3.7 블록 쌓기

▶ C

▶ B

3.8 정육면체 세기

▶ 34개

▶ 33개

3.10 숨은 이미지 찾기

▶ A

▶ D

3.11 깜깜이 스도쿠

6	1	5	7	9	2		8	4
	9	7	8	6	4	2	1	3
4	2	8		5	3	6	7	9
1	5	6	2	4		9	3	8
2	8		5	3	1	7	4	6
7	4	3	6	8	9	1	5	
5		4	9	2	8	3	6	7
9	3	1	4	7	6	5		2
8	7	2	3		5	4	9	1

3.12 숫자 피라미드

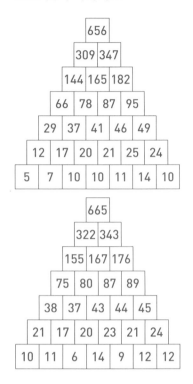

```
            656
         309   347
      144   165   182
    66   78   87   95
  29  37  41  46  49
12  17  20  21  25  24
5   7  10  10  11  14  10
```

```
            665
         322   343
      155   167   176
    75   80   87   89
  38  37  43  44  45
21  17  20  23  21  24
10  11   6  14   9  12  12
```

3.13 조각 그림 스도쿠

D	A	E	B	F	G	C
G	C	B	A	D	E	F
F	E	D	C	G	A	B
E	B	A	G	C	F	D
C	D	G	F	E	B	A
B	F	C	E	A	D	G
A	G	F	D	B	C	E

3.14 빠진 그림 그리기

각 단계마다 전체 이미지가 시계방향으로 45도씩 회전하며, 육각형 안 2개의 타원이 앞뒤 순서를 바꾼다. 회전할 때마다 꼭지점에 색칠된 원이 하나씩 추가되고, 6개 꼭짓점을 다 채운 7번째부터는 더 큰 투명한 원이 색칠된 원 위에 추가된다.

3.15 연결 그림 완성하기

▶ D. 왼쪽에서 오른쪽으로 진행되는 각 단계마다 뾰족한 도형이 가운데에 하나씩 추가된다. 새로운 도형은 이전보다 한 단계 어두운 색이며, 이전 도형 위에 배치된다. 바로 직전에 나타난 도형이 가리키는 곳에 작은 점이 나타난다. 사각형 아래쪽에 화살표가 오른쪽, 왼쪽에 번갈아 하나씩 추가되어 나타난다.

▶ E. 각 단계마다 중앙에서 바깥을 가리키는 8개의 새로운 화살표가 점점 길이가 길어지며 같은 자리에 겹쳐서 추가된다. 새로 추가되는 화살표의 모양을 나타내는 그림은 시계방향으로 움직이며 사각형의 모서리를 가리킨다.

3.16 빈칸 채우기

▶ D. 각 행과 열마다 별 3개의 뾰족한 꼭짓점 수
의 합은 15개가 되어야 한다. 또 꼭짓점 수가
짝수인 별의 배경에는 빗금무늬가 나타난다.

▶ C. 진한 색 직사각형은 연한 색 직사각형 위
에 90도로 겹쳐 있으며, 정 가운데 사각형의
꼭짓점 4개 위에는 원형으로 구멍이 나 있다.
또 정 가운데를 제외한 2번째 행과 열의 사각
형 4개는 좌우가 뒤집혀 있다. 이 4개의 사각
형을 뒤집지 않는다면 완성된 모양은 아래와
같을 것이다.

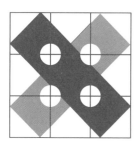

3.21 같은 모양 연결하기

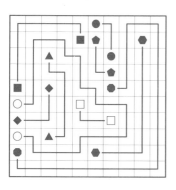

3.22 투명한 종이 그림

▶ B

▶ C

3.23 꼼꼼하게 세기

정사각형과 사각형을 합해 모두 36개다.

4.1 위에서 내려다보기

▶ B

▶ D

4.2 거울상 찾기

▶ A

▶ B

4.3 같은 모양 연결하기

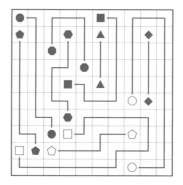

4.4 울타리 치기

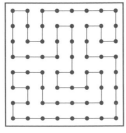

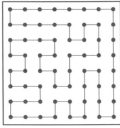

4.5 접어서 구멍 뚫기

▶ A

▶ D

4.8 과일 이름 대기

▶ 대추야자

▶ 블루베리

▶ 파인애플

▶ 복숭아

▶ 두리안

▶ 참외

▶ 사과

▶ 바나나

▶ 수박

4.10 문학작품 읽기

바뀐 단어는 다음과 같다.

▶ 근사한 → 괜찮은

▶ 양탄자 → 카펫

▶ 끔찍해 → 지긋지긋해

▶ 드레스 → 치마

▶ 예쁜 → 좋은

▶ 상처받은 → 우울한

▶ 부드러운 → 다정한

▶ 자매 → 소녀

▶ 어두워졌다 → 침울해졌다

▶ 전쟁터 → 싸움터

4.13 도미노

2	5	1	6	3	6	4	4
2	6	6	3	5	6	2	1
0	3	2	3	0	6	2	0
4	4	5	2	1	0	3	4
5	3	1	1	0	1	4	1
2	0	4	3	3	5	6	5
2	6	5	5	1	4	0	0

4.14 암호 풀기

▶ b. AVCU

A = 연한 색 큰 정사각형

J = 흰색 큰 정사각형

O = 연한 색 큰 다이아몬드

V = 진한 색 큰 다이아몬드

C = 흰색 작은 정사각형

D = 진한 색 작은 정사각형

K = 진한 색 작은 다이아몬드

U = 흰색 작은 다이아몬드

▶ d. EFZR

E = 색칠된 삼각형 화살표

Y = 그냥 화살표

Q = 깃털 모양 화살표 꼬리

F = 밋밋한 화살표 꼬리

G = 색칠된 타원

Z = 흰색 타원

R = 타원이 화살표 위에 위치

J = 타원이 화살표 뒤에 위치

4.15 스도쿠

5	4	9	1	3	7	8	6	2
6	8	7	5	2	9	3	1	4
2	3	1	6	4	8	5	9	7
8	5	3	9	1	2	4	7	6
1	7	4	3	6	5	2	8	9
9	2	6	7	8	4	1	5	3
7	9	2	8	5	3	6	4	1
3	6	8	4	9	1	7	2	5
4	1	5	2	7	6	9	3	8

4.16 빠진 그림 그리기

각 단계마다 그림은 시계방향으로 45도씩 회전한다.

4.17 꼼꼼하게 세기

정사각형과 직사각형을 합해 모두 28개다.

진행 상황 메모

다음의 빈 페이지를 이용해 진행 상황을 메모하자.

점수 매기기

퍼즐을 풀 때마다 각 페이지 위쪽에 있는 점수 상자에 점수를 기록하자. 퍼즐 풀기에 도전했지만 성공하지는 못한 경우에는 5점을, 성공한 경우에는 10점을 매긴다. 창의력 과제와 같이 정해진 해답이 없는 경우, 열심히 적었다면 10점을 준다. 마찬가지로, 기억력 과제의 경우에도 최선을 다했다고 생각되면 10점을 준다. 두 과제 모두 '더 열심히 할 수 있었다'고 느껴지면 5점만 준다.

아래의 빈칸에 각 장의 총점을 적은 후 총 합계 점수를 알아보자.

STEP 1

STEP 2

STEP 3

STEP 4

총 합계 점수

옮긴이 박민정

서울대학교 인문대학을 졸업하고 국제대학원을 수료했다.

책과 함께하는 삶을 살고 싶어 번역가가 되었다.

현재 바른번역 소속 번역가로 활동 중이다.

어른을 위한
두뇌 피트니스

1판 1쇄 발행	2024년 3월 25일
1판 2쇄 발행	2024년 5월 15일

—

지은이	개러스 무어·헬레나 겔레르젠
옮긴이	박민정

—

펴낸이	김봉기
출판총괄	임형준
편집	안진숙, 김민정
교정교열	김민정
디자인	호우인
마케팅	선민영, 조혜연, 임정재

—

펴낸곳	FIKA[피카]
주소	서울시 서초구 서초대로 77길 55, 9층
전화	02-3476-6656
팩스	02-6203-0551
홈페이지	https://fikabook.io
이메일	book@fikabook.io
등록	2018년 7월 6일(제2018-000216호)

—

ISBN	979-11-93866-00-9 (13690)

피카 출판사는 독자 여러분의 아이디어와 원고 투고를 기다리고 있습니다.
책으로 펴내고 싶은 아이디어나 원고가 있으신 분은 이메일 book@fikabook.io로 보내주세요.